こんなところでつまずかない！

保全・執行事件 21のメソッド

東京弁護士会 親和全期会
編著

第一法規

はしがき

登録間もない弁護士にとって、保全・執行手続というと苦手意識がある方も多いのではないでしょうか。最近では専門分野に注力したネット集客を行っている若手弁護士も増えておりますが、保全執行が専門分野です、という弁護士はいないのではないかと思いますし、特に保全については、あまり経験がないという若手弁護士も多いかと思います。私は、司法修習生時代の弁護修習において保全手続も執行手続も体験させてもらい、また、弁護士１年目から比較的経験をすることができましたが、弁護修習で司法修習生を受け入れさせていただく立場になってからは、なかなか、保全・執行をタイミングよく修習生に経験させることは難しいと感じています。

また、経験自体はあっても、書式集を参考にひとまず形式を整えて起案をし、後は裁判所が主導的に手続を進めてくれるであろうという他力本願的な申立てでなんとか乗り切ったという経験があるという弁護士も一定程度おられるのではないかと思います。

この「21のメソッド」シリーズは、早いもので本書が９作目となります。シリーズの１作目は５年前に発刊されたのですが、全て親和全期会に所属する弁護士によって執筆・編集がされております。親和全期会は、東京弁護士会内の会派である法曹親和会に所属する弁護士のうち、司法修習終了後15年未満の中堅・若手弁護士によって構成される団体で、現在、1000名を超える規模となりました。

親和全期会では、日本弁護士連合会や東京弁護士会の会務・政策への積極的な取組みを行っておりますが、自身のスキルアップに繋がる様に最新の重要テーマから弁護士業務の拡大につながり得るようなテーマに関する研修や講演会を開催し、また、いわゆる即独の弁護士やボス１人という小規模の事務所に所属していると、とかく孤独になりやすいことから会員間の親睦を深められるような企画、弁護士になって楽しいな、良かったなと思えるような行事、無料法律相談会の実施においては中堅と若手でペアを組んで担当するなどのOJTや、他士業との連携に取り組むなどの活動を意欲的に行っております。

個々の中堅・若手弁護士が、悩みに悩み、創意工夫を重ねて、時には失敗を糧に日々の業務に邁進する一方で、このような親和全期会の活動の中で所属事務所の枠を超えた数多くの先輩・後輩弁護士との交流を重ねる中で、悩みを共有し、互いに切磋琢磨して研鑽を深め合っております。

そのような経験を親和全期会に所属する若手弁護士以外にもお伝えすることができないかという想いで、この「21のメソッド」シリーズを発刊させていただいている次第です。

この点、本年度は、コロナ禍における緊急事態宣言が新年度早々の４月上旬に発令され、裁判所の期日が入らないという緊急事態からのスタートでした。しかし、改正民事執行法が施行され、財産開示手続の利用等を含めた執行の申立てが増えていくのではないかと思っております。

この21シリーズは、裁判所への移動の合間ですとか、接見室が詰まっており待たされている間などの若手弁護士にとって大切な細切れの時間にも気軽に読んでいただけるようなシリーズとなっております。本書も、親和全期会の会員自身が経験した保全・執行手続における成功談・失敗談・ヒヤリハット談をもとにしたノウハウを提供させていただいております。過去のシリーズ同様、読者の皆様の弁護士業務の一助になれば、望外の喜びです。

最後に、本書の出版にあたっては、第一法規株式会社出版編集局編集第一部の小林千紘氏、河田愛氏、宗正人氏に大変お世話になりました。ここに厚く御礼を申し上げます。

令和３年２月

東京弁護士会　親和全期会

令和２年度代表幹事

弁護士　大塚康貴

こんなところでつまずかない！
保全・執行事件21のメソッド

目次 Contents

本書中の体験談は、執筆者自身の経験や他の弁護士へのインタビュー等を元に内容を再構成したものです。各体験談冒頭のプロフィールは、必ずしも各執筆者のプロフィールと一致するものではありません。

凡例

裁判例には、原則として判例情報データベース「D1-Law.com 判例体系」(https://dtp-cm.d1-law.com)の検索項目となる判例IDを〔　　　〕で記載しています。

例:最一小判昭和33年8月28日民集12巻12号1936頁〔27002634〕

・民集	大審院民事判例集、最高裁判所民事判例集
・家月	家庭裁判月報
・判タ	判例タイムズ
・判時	判例時報

各社の商標または登録商標

・「Twitter」は、Twitter, Inc.の商標または登録商標です。

・「2ちゃんねる」は、西村博之氏の登録商標です。

・「5ちゃんねる」は、ロナルド・アーサー・ワトキンス氏の登録商標です。

本文中に記載されている他の製品名及びサービス名は、各社の登録商標、商標または商品名です。なお、本文中ではこれらについてTMなどのマークを省略しています。

本書は2020年10月までに公表されている内容によっています。

Method

01 財産の特定、事前相談

▶ 申立て前の情報収集が肝！

――保全手続の申立てにおいては、被保全権利と保全の必要性について疎明しなければならないのは当然であるが、それ以外にも、保全の対象とする財産をどのようにして調査・特定するか、どのタイミングで保全手続の申立てを行うかなど、周到な準備が必要な事項が存在する。

保全命令の申立てと対象財産の特定

保全命令（仮差押命令・仮処分命令）の申立ては、「申立ての趣旨」ならびに「被保全権利」と「保全の必要性」を明らかにして、書面でしなければなりません。

「申立ての趣旨」は、訴状の「請求の趣旨」にあたる部分であって、どういった内容の保全命令を求めるのかを表すものです。不動産仮差押命令の申立てであれば、申立ての趣旨は「債権者の債務者に対する上記請求債権の執行を保全するため、債務者所有の別紙物件目録記載の不動産は、仮に差し押さえる。との裁判を求める」となり、仮差押決定の主文も同様の文言となります。

しかし、この「別紙○○目録」の部分を構成する保全命令の対象となるべき債務者の財産の特定ができないと、この申立ての趣旨を書くことができません。一般的には、仮差押えをしようとする場合には、債務者の住所地の不動産の登記簿を調査したり、債務者が法人である場合には、当該債務者との過去の取引で使われた口座から当該債務者が利用している銀行・支店のあたりをつけたり、当該債務者のウェブページ上にある取引先銀行の記載を確認したりします。若干グレーな話になってきますが、債権者が債務者を尾行して債務者が利用している銀行を割り出したというような話も聞きます。

もっとも、このような一般的な手法で、保全命令の対象となるべき債務者の財産を常に特定できるわけではありません。体験談1では、一般的でない手法で債務者の財産を特定し、保全命令の発令にまでこぎ着けたエピソードを紹介しています。

保全命令の申立てを行うタイミング

債務者の給与が振り込まれるタイミングを狙って給与振込口座の仮差押えをする必要があるといったケースは少なからずあります。

しかし、保全命令の「申立ての趣旨」には、訴訟行為には条件・期限を付し得ないとされていることとの関係で、「○○年○月○○日が到来したときは、仮に差し押さえる」というような記載をすることができません。

それでは、債権者としては、自らの勘でタイミングを計って申立てを行うしかないのでしょうか。

そんなことはありません。裁判所に事前に話を通しておき、きちんと余裕をもって申立てを行えば、狙ったタイミングで第三債務者である金融機関に仮差押命令が送達されるようにすることができます。体験談2では、このようなケースのエピソードを紹介しています。

保全の必要性というハードル

保全申立には、本案申立にはない「保全の必要性」の要件があります。この要件のハードルはなかなか高く、被保全権利の疎明ができても保全の必要性の要件のために、申立てそのものを見送る、もしくは申立てを取り下げるということも十分ありえます。体験談3では、このようなエピソードを紹介しています。

体験談1

仮差押えの対象の調べ方

弁護士13年目　女性

死亡した債務者からの回収

犯罪被害により、1,000万円近くの金員をだましとられた、という相談を受けました。

話を聞いてみると、警察に相談し、加害者は逮捕されたものの、留置場で死亡してしまったとのことで、加害者自身には不動産などの財産はなく、相続人がいるかはわからず、債務名義を得ても回収ができるか難しそうな事案でしたが、とりあえず受任をしていろいろと調べてみることにしました。

まず、加害者の戸籍を取り寄せ、相続人を調査してみると、親のみが相続人であることがわかりました。

しかしながら、依頼者の話を聞いてみると、お金をとられてから逮捕されるまでは、それほど間があいておらず、現金等が残っている可能性があったことや、加害者の親がどのような認識でいるかも全くわからず、いきなり相続人に連絡をして隠匿される可能性もなくはなかったため、財産の調査をしてみることにしました。

財産の調査

そうはいっても、加害者やその親の住所地の登記情報を取り寄せたところ、同人らが不動産を持っているわけでもなく、動産類も何を持っているかもわからず、めぼしい財産があるかわかる見込みもなかったため、加害者の取調べを担当した刑事から何か情報が得られないか、面談を申し込んでみました。

これまで刑事とは弁護人という（いわば）対立関係としてしか接する機会がなかったため、情報を得られることは期待していなかったのですが、被害者側の代理人ということで、いろいろと情報提供をしてくれて、被害金額が加害者名義の口座に残っていることや、当該金融機関についても教えてくれました。

誰との和解？　相続手続は不要なのか？

担当刑事との面談の結果、被害金額がある程度まとまって口座に残っていることがわかったため、訴訟を提起する前に、保全手続により、その口座を仮差押えすることにしました。

加害者の相続人を債務者とする保全命令は問題なく認められ、口座を仮差押えしたうえで、本訴を提起し、最終的には口座に残っていた預貯金＋若干の金額で和解が成立し、終了しました。

ただ、申立ての段階で、請求債権目録の記載については、加害者の不法行為の態様を特定する必要があるなど、訂正をしたうえで認められました。

また、本件では法テラスを利用したため、供託金についても、法テラスの保証を利用して担保決定を得ました。

本訴の提起・終結

本件では、加害者が死亡しており、債務名義が取得できたとしても回収の目処がたたない事案でしたが、思わぬところから財産が見つかり、回収をすることができました。

直ちに訴訟提起をしていれば、判決までの間に財産が散逸していたかもしれず、無事回収ができて安堵した事案でした。

余談ですが、被告側は相続放棄の主張をしましたが、差押えをした口座からは加害者の死亡後に一部引出しもされていたため、単純承認として相続放棄も認められませんでした。

体験談 2

1日の遅れが命取り!?

弁護士6年目　男性

差押えのできる財産は年金だけ

弁護士1年目に担当した離婚事件の依頼者から、再び相談がありました。離婚時に調停で約束された慰謝料の分割払いが滞っている、というのです。

依頼者の女性は、結婚当初から30年以上も夫の浮気に悩まされており、夫が酔っぱらって帰宅すると、「俺には、お前なんかよりいい女がいるんだ」と携帯で浮気相手の画像を見せてくるなど、弁護士になりたての自分には衝撃的なエピソードに満ちた事件でした。
当然、しっかり慰謝料をとって離婚！　と思ったのですが、浮気三昧の夫には貯蓄など何もなく、定年退職後の本人の収入は、年金のみ、という状況でした。そのため、調停では、慰謝料を長期にわたる分割払いにすることで合意し、離婚が成立しました。その後４年ほどは支払いが継続していたのに、突然「もう払わない！　」という連絡があり、支払いが途絶えたというのです。
元夫には年金収入しかないことはわかっていましたので、年金の振込先口座を差し押さえることになりました。

振込先口座の動きを確認

年金の振込先口座が、調停の時に相談者が知っていた口座から、他の口座に変更されていると、差押えが空振りになってしまいます。
そこで、弁護士会照会を行い、対象の口座の履歴をとりました。
口座の存在や残高だけでなく、履歴をとるためには、照会の際に、その必要性を詳しく説明する必要があります。「年金受領していることがわかれば、差押え対象としての適格性がわかる」と書いて、過去半年分の履歴の取得に成功しました。
その結果、振込先口座はそのままでしたが、元夫は、年金が入ると、その当日か翌日には、全額引き出していることがわかりました。
差押えをするにしても、全額引き出された後に差押えをしたのでは、意味がありません。効果的な差押えのためには、年金の入った瞬間、その当日に差し押さえておく必要があります。
差押命令が送達される日が、年金の支給日になるには……？
指折り数えて混乱した私は、姉弁のもとへ駆けつけました。
姉弁は優しく「(民事執行事件の専門部である東京地裁民事第）21部に相談しなさい」と教えてくれました。

民事第21部に相談

その時は知りませんでしたが、年金や給与、退職金など、「その日」を差し押さえたいという需要は少なくなく、裁判所もそうした希望には極力対応してくれるのだそうです。

おそるおそる民事第21部に電話して、「○月15日に差し押さえたいのですが」と話すと、電話口に出た書記官は、驚く様子もなく、必要な日数を計算し、それより早く申立てをすることと、その際に送達日の希望について上申書を付けることを教えてくれました。

私は、なるべく元夫の非道さと依頼者の苦境がわかるような上申書を付け、記載にミスがないか細かくチェックを繰り返して申立てを行いました。

書記官の言い方は、「確実ではないけれど、可能な限り対応できるようにします」ということでしたので、本当にその日に差押命令が発出されるのか、郵便事故などがなくちゃんと15日に届くのか、銀行がまかり間違って口座凍結を誤ったりしないか、内心びくびくしながらその日を待ちました。

私の不安ぶりがわかったのか、書記官からは、「ご心配であれば、お電話いただければいつ発出したかもお知らせしますよ」と言っていただき、実際、問い合わせて発出日も確認しながらでしたが、それでも不安はぬぐえませんでした。

○月15日当日、事務所の始業時間前でしたが、元夫から事務所に嵐のような着信があり、「うまくいったんだ」と確信したときは、本当に嬉しかったです。

依頼者も大変喜んでくださって、よい結果になって何よりでしたが、1日遅れて空振りだったら、と思うと、心臓に悪い案件ではありますね。

体験談３

保全の必要性に注意！

弁護士 11 年目　男性

保全の命令が認められるためには、①本案認容の蓋然性、②保全の必要性があることを疎明する必要があります。そのため、②の要件を満たすことができなければ、保全の申立てが認められないため、申立てにあたっては注意が必要です。ここでは、②の要件の問題に直面した２つの案件を紹介します。

婚姻費用について

私が担当したのは、相手方（夫）が別居し、申立人（妻）が２人の子を監護養育している事案において、婚姻費用の支払いを求めたものでした。

本件については、まず婚姻費用分担調停を申し立てたものの、婚姻費用の額を定める要素となる相手方の収入の額について、双方の隔たりが極めて大きく、調停はわずか２回で不調となり、審判に移行しました。

ところで、本件については、コロナ禍の影響で裁判所の審判期日が取消しとなり、審理も長期化するとともに、相手方が、住宅ローンの支払い以外は一切の婚姻費用の支払いを拒絶していたことから、仮に申立人側に有利な審判がなされても、即時抗告がなされ、現実の婚姻費用の支払いがなされるまでには長期間かかることが予想されました。

そのため、代理人としては、審判を求めるだけでなく、事後的に審判前の保全処分の申立てを行うことを検討しました（※あくまで本案が係属していることのみが要件であるため、追加的に保全を申し立てることは可能です）。

しかし、当初から相手方が婚姻費用の支払いを拒むことが予想されていたため、申立人においては生活費の半年分〜1年分に相当する預貯金を別途キープしていました。そこで、仮に審判前の保全処分を申し立てたとしても、上記②保全の必要性が認められない可能性が高かったため、結論としては審判前の保全処分の申立てを見送る形となりました。

なお、古い裁判例ですが、鹿児島家審昭和57年3月31日家月35巻7号94頁〔27730326〕は、婚姻費用の分担を命じる審判に対し相手方の即時抗告が予想されることから、「これの確定までの間、申立人に対し婚姻費用の分担がなされなければ、申立人と二児の生活に対し、急迫の危険が生ずるおそれがあり、これを防止するために、相手方から申立人に対し、仮りに一定額の金銭の支払をなすよう命ずる必要がある」として、右審判と同時に審判前の保全処分として最低限度の生活費の仮払いを命じています。

同審判が「急迫の危険が生ずるおそれ」に言及していることからしても、やはり、実務上は保全の必要性は相当程度高いものが必要とされると考えられます。

（なお、同審判は、婚姻費用分担調停以降の未払い額全額ではなく、毎月ごとの婚姻費用（事例では月額29万円）のみの仮払いを命じている点が注目されます。）

交通事故事案における治療費の仮払いについて

依頼者（女性）は、3人の幼い子を養育中の母親で、夫は失業状態にあったところ、自転車に乗っていて交通事故に遭い、頸椎捻挫や打撲等の傷害を負いました。

加害者側の保険会社が誠意ある対応を全くせず、症状固定がなされていないにもかかわらず依頼者が通院する病院への治療費の支払いを一方的に打ち切るなどしたことから、当方は、加害者、加害者の使用者、加害者側保険会社を債務者として治療費の仮払いの仮処分命令を申し立てました。

しかし、裁判所との面接では、被保全権利の存在に疑いはないが、保全の必要性について疑問があるといわれ、預金がほとんど尽きている依頼者の通帳や、事故前後の収支の状況を示す資料、これまでに親族から借入れをしていたことを示す借用書等の疎明資料を提出しましたが、裁判所は、これでは保全の必要性を認めるには足りないとの考えを示したため、やむを得ず申立てを取り下げ、直ちに損害賠償請求の本案訴訟を提起しました。

裁判所が保全の必要性を認めなかったのは、依頼者の通帳に、親族から借り入れた100万円単位の入金の記録があったことが影響していたのではないかと思いますが、親族から無尽蔵に借入れができるわけではないので、過去に親族から借り入れた事実が保全の必要性の判断にそこまで強い影響を与えるものなのだろうかとの疑問もあります。

いずれにせよ、治療費の仮払いの仮処分命令の申立てにおいては、被保全権利の存在は明らかであっても、保全の必要性のハードルはかなり高いと考えておく必要がありそうです。

ワンポイントアドバイス

事前の準備は泥臭さをいとわず、そして裁判所と密にコミュニケーションをとることが成功の秘訣！

体験談1は、債務者が詐欺の加害者であり、かつ死亡しているという、かなり特殊な事案に関するものですが、困難な事案であるにもかかわらず、加害者の預金口座に詐取されたお金が入っていることやその口座の情報を警察から聞き出して仮差押命令の発令にこぎ着けた点が鮮やかです。解説文で述べた一般的な手法だけで債務者の財産を特定できるケースばかりではありませんので、一般的な手法ではうまくいかないケースでは、弁護士の創意工夫と泥臭い努力によって活路を見いだすことが必要でしょう。

体験談2は、申立てにあたって東京地裁民事第21部に相談し、送達日の希望にかかる上申書を提出するようにとの示唆を得たというエピソードです。このエピソードにもあるように、裁判所は、きちんと問い合わせをすれば、手続的にはどのような方法があるかを教えてくれることがあります。もちろん、自分で何も調べずわからないことが出てくるたびに裁判所書記官の手を煩わすというようなことは厳に慎むべきでしょうが、保全手続の申立てにおいては、書籍を調べても載っておらず困ってしまうということも少なからずありますので、そのようなときは、積極的に裁判所に相談してみるとよいでしょう。

体験談3は、保全の必要性が認められない可能性があったことから申立てを見送ったエピソードと、保全の必要性を認めがたいとの判断を裁判所が示したことから申立てを取り下げたエピソードです。実際、裁判所が要求する保全の必要性のハードルはなかなか高く、保全の申立てにあたっては、保全の必要性が認められるかどうかをよく検討する必要があります。本案提起前の保全申立であれば、(一部を除いて) 密行性があるので、まずは保全申立を行い、保全の必要性が認められなければ直ちに本案訴訟を提起するという戦略もあり得ますが、その場合も、保全の必要性が認められない可能性、言い換えると保全申立を取り下げる可能性について依頼者によく説明しておく必要があるでしょう。

Method

02 債権・目的物の特定

▸ 民事保全は「特定」が命！

――民事裁判手続は、保全命令、保全執行、本案訴訟、本執行という各局面の連続性の中で、国家権力によって強制的に権利義務を実現することに大きな特徴がある。国家権力の発動である以上、特に出発点である保全手続において、その対象は正確に特定され、各局面の連続性は厳密に担保されなければならない。

当事者の特定

債務者不特定の占有移転禁止仮処分の場合を除けば、当たり前のことと思われるかもしれません。しかし、単純な誤字脱字はもちろん、氏名における異体字や住所の表記方法の違いが思わぬ落とし穴になることは少なくありません。

請求債権（被保全権利）の特定

実務に慣れてくるほど、要件事実論的な訴訟物の整理が疎かになりがちです。本案訴訟における訴訟物をしっかりと意識したうえで、それを保全手続における請求債権に落とし込まないと、本来同一であるはずの両者の間に齟齬が生じかねません。

目的物の特定

仮差押えの目的物については、民事保全法21条でも明確に特定が要求されているところです。定型書式等に基づいて、正確に記載することを心がけましょう。

仮処分の目的物についても、法律上の明記はないものの、基本的に同様です。特に不動産等の物の一部が対象となる場合は、文章のみによる特定は難しいので、図面等の活用を検討してみてください。

特定に不備があると……

保全手続の対象の特定が不十分であったり不正確であったりすると、そもそも保全命令が発令されない、発令されても保全執行に進めない、あるいは本案訴訟を経ても本執行に架橋できない、といった事態に陥ってしまいます。緊急の必要性があるからこそ利用したはずの保全手続が空振りに終われば、その損失は甚大であり、場合によっては弁護過誤の責任を問われかねません。

体験談1

（債務名義取得前の）債権の特定

弁護士５年目　男性

事案の概要

弁護士になってはじめて対応した債権の仮差押え、その後の本執行差押えについてお話しします。

事案としては、依頼者（法人）が、ある会社（「A社」とします）に営業協力を委託し、A社の営業協力により獲得した顧客（エンドユーザー）との契約実績に応じてA社に対し報酬を支払っていましたが、A社が獲得したという契約は架空のものであったことが後に判明したため（A社は顧客との契約書を偽造するなどしていました）、A社とその代表者を被告として報酬相当額の返還と損害賠償を請求したというものです。

代表者からの回収を検討

依頼者から相談を受けた時点で、A社の代表電話は解約されていたため、代表者とは連絡がとれず、現地調査をするもA社の事務所はすでに引き払われ、代表者の法人登記簿上の自宅住所にも人の気配がなく、代表者は所在不明という状況でした。A社の取引口座は依頼者が報酬を入金していたため判明していましたが、このような状況で取引口座に残高があるとは思えませんでした。また、A社は実態のない架空会社でしたから、ほかに会社財産があるとも思えませんでした。

そこで、代表者の財産から回収するほかないと考え、本案の提起の準備とあわせ、仮差押えをすべく代表者の財産の特定に注力しました。なお、代表者の法人登記簿上の住所に所在する不動産は他人名義の所有であったため、仮差押え、差押えの対象としては債権を中心に考えました。

まずは特定容易な「ゆうちょ銀行」から

仮差押えの段階では、後述する弁護士会照会が使えないことが多いため（債務名義を取得していないと弁護士会を通じて口座情報等を照会しても金融機関等は回答してくれません）、債権の特定をどうするかで悩みました。

ゆうちょ銀行については、支店ではなく貯金事務センターで特定すれば足り、関東の預金事務センターは東京貯金事務センター（東京都）と横浜貯金事務センター（神奈川県、埼玉県を含む７県）の２か所しかないため、債権の特定は比較的容易でした。A 社の本店所在地、代表者の住所はいずれも東京都でしたので、東京貯金事務センターであると特定できました。

携帯電話番号から口座情報の割出しが可能？

問題は他の金融機関の預金口座の特定です。預金口座特定の手がかりとなるような情報が全くありませんでしたので、とりあえず代表者の自宅住所周辺に存在する金融機関の支店を調べ、いくつか当たりをつけました。

そうした中、弁護士会照会について調べていると、債務名義取得前であっても、携帯電話会社に対し電話料金等の引落し口座情報についても照会可能であることを知りました。代表者の携帯電話番号は判明していたので、「これは使えるかも！　」と一瞬思いましたが、さらに調べてみると、本件当時、ある大手通信会社は弁護士会照会に対し一律回答拒否の姿勢を貫いているということも知りました。その会社でないことを祈りながら代表者の携帯電話番号についてキャリア検索をしたところ（総務省のホームページで携帯電話番号から携帯電話会社を割り出せます）、残念ながらその会社であることが判明しました。そのため、弁護士会照会を通じて携帯電話番号から口座情報を割り出すという手法は本件では使えませんでした。

なお、現在ではその会社も一律回答拒否ということはなく、回答又は一部回答するそうです（東京弁護士会「弁護士会照会のご利用についてのお願いとご注意」簡易マニュアル 2020 年 6 月 15 日更新版）。

結局、本件では、預金口座については、A 社名義の取引口座及び代表者のゆうちょ銀行東京貯金事務センター取扱い口座のほか、代表者の自宅住所周辺に存在する金融機関の支店 3 つを仮差押えの対象としました。

意外な盲点？　詐欺師も生命保険に入る

預金口座以外に仮差押えの対象財産がないか悩み、会派の先輩弁護士と飲む機会があったので相談してみたところ、「詐欺師みたいな人間でも家族がいるから意外と生命保険には入っていたりするし、生命保険については手をつけなかったりするものだよ」とのアドバイスをいただきました。そこで、生命保険解約返戻金の仮差押えを検討しました。

ここでも弁護士会照会について調べてみると、本件当時、生命保険協会への一括照会という便利な制度（生命保険協会だけに照会すれば、協会に加入している 41 社全てが回答してくれ、弁護士会照会費用は 1 件分で済む）があり、債務名義取得前でも回答してくれることが判明しました。代表者の生年月日は判明していたため、すぐさま生命保険協会宛てに弁護士会照会の申出を行いました。

その結果、全ての回答が揃うまで 1〜2 か月を要しましたが（外資系の生命保険会社は総じて回答が遅かったため個別に連絡して回答を催促しました）、計２社との生命保険契約の存在が判明したため、これに「かんぽ生命」を追加して計３社との生命保険契約にかかる配当金請求権及び解約返戻金請求権を仮差押えの対象としました。なお、この生命保険協会への一括照会制度は、生命保険協会側の業務量過多により継続困難となった等の理由で残念ながら2017年５月をもってサービスを終了したそうです。

回収結果

　その後、本案を申し立て、被告欠席により勝訴判決を得て確定し、差押えを実行した結果、預金債権については当たりをつけた代表者名義の口座の１つがヒットしたものの残高数千円という残念な結果に終わりましたが、生命保険については事前に弁護士会照会で回答を得ていた２社から計100万円強の回収に成功しました。

体験談２

担保金のやり直し？

弁護士７年目　男性

担保金の決定

　地方の裁判所で保全の申立てをする場合、東京地裁本庁と異なり、郵送と電話でのやり取りで、担保金まで指定されることが多いと思います。

　今回の事件も、地方の裁判所が管轄であったため、私は、債権仮差押えをするために必要な申立書や証拠等を同封し、裁判所に郵送しました

（なお、地方の場合は、原本も一緒に郵送することを求められると思いますので、原本類も郵送し、決定が出た後に原本還付申請をしています）。

その際、地方のため、管轄外供託（東京地方法務局で供託ができるようにする決定）の上申と第三者供託（債権者自身ではなく、代理人の名前で供託ができるようにする決定）の上申についてもしました。

そして、無事、申立てが認められ、管轄外供託、第三者供託も認められ、決定から7日以内に供託金1,500万円でお願いしますとの連絡が担当書記官からありました。

担保金の供託

私は、東京法務局に行き、書記官から指定された1,500万円を現金で供託して、供託書も受領しました。

住所違い

私は、供託が完了した直後に、供託書の原本と供託書の写しを保全申立をした裁判所宛てに郵送する予定でしたが、念のため、供託書の写しを裁判所に事前にFAXしました。

私としては、単に供託が完了したことを事前に裁判所に伝えておき、第三債務者への保全決定の郵送を早めにしていただこうという趣旨でしかありませんでした。

しかし、私が、裁判所に供託書の写しをFAXしてから1時間もしないうちに、書記官から私宛てに電話がありました。

「先生、債務者の住所が違います」と慌てた様子で言われました。

書記官から、「法務局で今日中に訂正してきてください」「今日中に訂正できない場合には、担保金の積み直しになります」と続けて言われ、私は頭が真っ白になりました。

当事者目録と供託書を見比べたところ、住所の番地が1つ抜けていました。

1,500万円を積み直すためには、供託した1,500万円を取り戻す必要があります。そのためには、担保決定の取消決定等を受領して、法務局に提出する必要がありますので、期限内に担保金を供託することができない可能性が非常に高いです。そうなると、1,500万円を取り戻す前に、もう一度1,500万円を供託せざるを得ないことになり、依頼者に倍の金銭を一時的に負担させることになってしまいます。そんなことを依頼者にお願いしたら、信頼関係を失うことは明らかです。

時間を確認すると、あと1時間で法務局の受付時間が終わってしまうところでした。私は、なんとしても、訂正が完了できるように、急いで、供託書を持参し、東京法務局に行き、債務者の住所部分を訂正してもらいました。

あの時、供託書の債務者の住所を訂正できなかったらと思うと、今でも、鳥肌が立ちます。

当日であれば、供託書の訂正ができますが、翌日以降は、供託書の訂正ができません。

今回は、地方の裁判所であったため、事前にFAXをしていましたが、もし私が事前にFAXすることなく、そのまま郵送していたら、書記官が確認する時には、供託日の翌日になっており、供託書を訂正することはできず、担保金の積み直しになっていたと思います。

このような体験を踏まえて、供託書の記載には必ずダブルチェックを行い、二度と供託書の記載ミスが起こらないようにしています。

体験談 3

占有移転禁止仮処分命令における債務者は誰？

弁護士７年目　女性

債務者は誰？

建物明渡訴訟を提起するにあたり、占有移転禁止の仮処分命令の申立てをしましたが、占有者の確定が困難な事案でした。賃貸借契約上賃借人となっているＡは、当初、その家族Ｂとともに本件物件に入居しましたが、仮処分命令申立当時、Ａは、すでに他所へ転居しており、Ｂのみ本件物件に居住していたため、債務者を誰とすべきか裁判官さえ迷うような事案でした。

一般に、占有移転禁止の仮処分命令は、①占有者の特定が困難な場合、又は②占有が他に移転される可能性がある場合に申し立てます。①の例としては、本件のようなケース以外に、建物に表札がない、店舗など誰が経営者（占有者）か不明、郵便受けに複数の会社名が表示されている等が考えられます。

②の場合に占有移転禁止の仮処分命令を申し立てることはよく知られていますが、①の場合にも、同命令を申し立てることで執行官に占有者を認定してもらい、本訴の被告を誰とすべきか特定することができます。

具体的には、執行官が、仮処分命令執行後、仮処分申立書記載の債務者を占有者と認定した場合には（仮処分調書の「占有関係等調査表」に占有者が記載されます）、その者を本訴の被告とすればよいですし、債務者以外の第三者を占有者として認定した場合には、仮処分は執行不能となり、執行不能調書が作成されることとなります。その場合は、その第三者を債務者としてあらためて仮処分を申し立てるか、当該第三者が他へ占有を移転する可能性がなければ、新たな仮処分は申し立てず、その当該第三者を被告として訴訟を提起すればよいこととなります。

可能な限りの事前調査を尽くす！

仮処分命令申立てにあたり、事前に可能な限り対象物件の占有状態を調査・確認します。私は、本件の場合、物件の現地調査をするとともに近隣の方にも事情聴取をし、陳述書をまとめたり、調査報告書を作成したりしました。

可能性のある占有者は全員債務者として申立てすべし！

私は、現地調査や住民票の記録（A はすでに 10 年以上前に住民登録も他に移転していた）等から、本件物件における A の占有の有無を確定することができなかったため、大は小を兼ねる！？　という短絡的思考？　の下、AB 双方を債務者として仮処分命令の申立てをしました。

面接時、裁判官は私に、すでに 10 年以上も前に A は他に転居していること、近隣住民の陳述書でもやはり 10 年以上 A を見かけていないと記載されていることから、A が債務者である可能性はほぼないとして、A に対する仮処分命令の取下げを検討できないかと提案しました。

占有移転禁止の仮処分における債務者は直接占有者に限られ、間接占有者や占有補助者は含まれないため、A が直接占有者となれば A のみが債務者（A の家族である B は占有補助者）となり、A が直接占有者ではないとなれば、B のみが債務者（賃貸借契約者である A は間接占有者となる）となります。そこで、本件では、論理的には AB 双方が債務者となることはあり得ないと考え、私も納得のうえ、A に対する仮処分命令を取り下げました。

執行してみると！？

その後、無事に仮処分命令が発令され、仮処分命令執行の申立て→仮処分命令執行へと進みました。執行時、Bは不在でしたので、執行官は室内に入り調査のうえ、郵便受けの中等を調査しました（お恥ずかしい話ですが、私は、債務者不在の場合も執行官が室内に入れてくれることもあると聞いていたため、一緒に入室したところ、外で待っているよう注意を受けました。債務者不在の場合は執行官の指示を待った方がよさそうです）。

私は、ABがともに債務者となることは論理的にあり得ないと思っていましたが、執行の結果、なんと、執行官は、ABの共同占有を認定しました。「室内の動産等は女性もののみであり（A男性、B女性）、実際に居住しているのはBだけと考えられるため、Bは占有補助者ではなく直接占有者である。もっとも、郵便物の中にAを宛名とする公共料金請求書が届いていることからAの占有は完全に否定することはできない」というものだったのです。状況からすると、Aは、公共料金の支払いを継続していただけと思われますが、ライフラインの名義は占有を認定するうえで、重要な要素なのだと学びました。

結局、Aが占有を移転する可能性は低いと判断し、Aを債務者とする占有移転禁止の仮処分を再度申し立てることはしませんでしたが、取下書1枚を提出したことで、仮処分及びその執行を全てやり直す必要がある事案でした。

したがって、少しでも占有の可能性のある者がいる場合は、ぜひ全員を債務者として申立てをすることをおすすめします。

なお、本件では、債務者は、AかB又は双方であることは判明していますので、債務者を特定しないで発する占有移転禁止の仮処分命令の発令を受けることはできません。「執行前に債務者を特定することを困難とする特別の事情」（民事保全法25条の2第1項）がないからです。

（参考：東京弁護士会法友全期会業務委員会編『はじめての事件シリーズ　建物明渡請求』創耕舎（2017年）〔中澤佑一〕32-76頁）

体験談 4

債務者不特定の占有移転禁止仮処分

弁護士５年目　男性

地面師との攻防の中で……

とある地面師事件でのひとこまです。アパホテル事件（被害額：約12億6,000万円）や積水ハウス事件（被害額：約63億円）で「地面師」という存在が世に知られるより少し前、ブームの走りのような事件でした。

地面師とは、一言でいえば、「不動産（≒地面）の乗っ取りを専門とする詐欺師」です。代表的な手口としては、例えば、①収益力が高いにもかかわらず管理が行き届いていない不動産物件をターゲットにし、②本人確認書類や実印を偽造するなどして所有者になりすまし、③なりすました偽所有者が当該不動産を売却して代金は仲間で山分けし、④対象不動産の買主はさらに転売を繰り返すなどして真の所有者による権利回復を困難にする、といったものです。

私が担当した事件の依頼者は、東京都心に多数の不動産を所有する資産家でしたが、長年の病気のため管理が行き届いていない状態でした。地面師たちは、どこから情報を入手したのか、そこにつけこみ、依頼者の替え玉を用意するなどして、ほとんど全ての不動産と資産管理会社が丸ごと乗っ取られてしまいました。

陥落したマイホーム

ある不動産は閑静な住宅街にある一戸建ての土地建物で、かつては家族のいる従業員のために社宅として供用されていましたが、事件当時は空き家でした。不穏な予兆も多々あったことから、当方の関係者が頻繁に見回りをし、一時期は寝泊まりまでして警備に努めていたのですが、その間隙をつかれる形で、不在中に鍵を無断で変更され、物理的に占有を奪われてしまいました。すぐに110番通報をしましたが、当時、当該物件の所有名義人である資産管理会社も乗っ取られていた関係で、警察の介入を得ることはできませんでした。

当初、物件を不法占拠した相手方一味は、いわゆる占有屋を交代で寝泊まりさせているようでしたが、やがて、外国籍と思われる不特定多数の人物が短期間で入れ替わり滞在するシェアハウスに改造されてしまいました。

債務者不特定の占有移転禁止仮処分

これでは建物明渡請求訴訟を提起して勝訴しても、占有が移転されて強制執行が奏功しないおそれが濃厚です。占有移転禁止の仮処分を申し立てようにも、債務者を特定することすらできません。かくして、債務者不特定の占有移転禁止仮処分（民事保全法25条の2）に白羽の矢が立ちました。

債務者不特定の占有移転禁止仮処分は、平成15年の法改正で新設されたものの、ほとんど利用されていませんでした。もっとも、たまたま当時の所属事務所では数年前に取扱事例があり、その時のノウハウを生かして迅速に申立てを行い、無事に保全命令を得ることができました。

なお、当時の所属事務所の名物おじいちゃん事務局長（故人）によれば、数年前の取扱事例が東京地裁における同仮処分第1号で、今回が第2号であるとのことでしたが、本当だったのでしょうか……？

いざ保全執行

仮処分の保全執行は、鬼が出るか蛇が出るかと身構えて臨みましたが、たまたまこのとき滞在していたのは比較的おとなしい感じの日本人男女2名だけで、いささか拍子抜けしました。

そこで、この2名を被告として建物明渡請求訴訟を提起しました。こちらの本案訴訟ではさほど労することなく、勝訴判決を得ることができました。

人種の坩堝《るつぼ》へ

いよいよ本執行です。債務者は、本案訴訟の被告だった前記日本人男女2名に加え、民事執行法27条3項1号に基づく執行分の付与を受けた、「この債務名義によって強制執行するときにおいて本件建物を占有する者」でした。

そうして明渡し催告（民事執行法168条の2）に赴いたところ、前記日本人男女2名はすでに退去していましたが、今度は6つの国籍にまたがる10名以上の外国人が滞在しており、ある程度余裕をもって通数を用意したはずの執行文謄本が不足し、執行中止に追い込まれるというまさかの事態となりました。

仕切り直して、さらに大量の執行文謄本を用意して明渡し催告に臨んだところ、今度はつつがなく完了しました。2週間後の断行実施日には全員退去しており、しかも立つ鳥跡を濁さずで綺麗に清掃までされていました。

陰の立役者

かくして本件物件は成功裏に奪還することができたわけですが、それを語るうえで欠かせないのが隣人の絶大なる協力でした。毎日のように私に電話をしてくれて、「今日は○○人らしき男性が△名」といった具合に最新の状況を報告してくれていたのです。多国籍にわたる占有者に対し該当の通訳を用意し、（いったんは執行文謄本の通数不足に陥ったとはいえ）本執行を無事完遂することができたのは、隣人の情報あってのことでした。事件関係者にはなるべく礼儀正しく親切にしておくと、よいことがあるかもしれません。

ワンポイントアドバイス

コミュニケーションの大切さ

本メソッドの冒頭で述べたとおり、保全命令、保全執行から本案訴訟を経て本執行に至る連続性を担保するためには、それらの対象が正確に特定されなければなりません。特定が不十分であったり不正確であったりすると、そもそも保全命令が発令されない、発令されても保全執行に進めない、あるいは本案訴訟を経ても本執行に架橋できない、といった事態に陥り、立ち往生することになります。

ただ、裁判所の側でもこうした事態は回避すべく、かなり綿密にチェックしてくれることが多いように思います。必要以上に細かいチェックが入り、何度も訂正申立書を提出することを余儀なくされ、急いでいるのになかなか先に進めてもらえないというケースもないわけではありません。

いずれにしても、保全の対象の特定に限った話ではありませんが、裁判所やその他の関係者とのコミュニケーションを充実させておくことが、事件を円滑に進めるための重要な鍵になります。もちろん、保全の対象を特定することについて、申立人が一義的責任を負うことはいうまでもありません。

□ 処分禁止の仮処分ができない！？

民法 177 条の対抗要件と時効取得というのは、民法の勉強を始める際、かなりの初期段階で学ぶ典型論点ですが、実務でこの典型論点で進めようとしたところ思わぬ壁にあたった事案を紹介します。

事案は、筆界の侵害があるとして、境界確定、所有権確認の訴えの提起があったことを発端とするものです。

この訴訟そのものは、裁判所が強硬に筆界特定手続をとるようにとの訴訟指揮の結果、取下げとなりましたが、訴えられた方は、現状を維持すべく、筆界特定手続中に、筆界侵害部分について、所有権確認の訴えを提起し、時効取得を主張するべく準備を進めることになりました。

ところで、特定の不動産について、時効取得をした者と、当該時効取得後に原権利者から所有権の譲渡を受けた者とは対抗要件に立つため、先に登記を具備した者が優先します（最一小判昭和33 年 8 月 28 日民集 12 巻 12 号 1936 頁〔27002634〕)。

とすると、時効取得を主張する側は、所有権確認の訴えに先立ち、処分禁止の仮処分の申立てをし、仮処分の登記をすることが視野に入ってきます。

しかし、筆界紛争中の不動産の場合、処分禁止の仮処分は困難であると言わざるを得ません。

【理由 1】 仮処分命令に基づいて登記をする場合、一筆の土地である必要があるところ、筆界紛争部分を仮処分のために分筆しようとしても、分筆に必要な隣地の所有者の立会いは現実的には困難であるため（紛争中の相手方が立会いに応じることは考えにくい)、分筆ができない。

【理由2】　分筆をしないで仮処分を申し立てたとしても、土地全体に対する仮処分については仮処分の必要性の認定が困難と判断され仮処分決定が出ない（仮に決定が出たとしても供託金が高額になるおそれがある）。

このため、仮処分をしないまま、時効取得後の第三者の出現のリスクを負いながら所有権確認の訴えを提起するべきかが悩みどころとなります。

民法177条の対抗要件と時効取得という教科書上の典型事例であっても、実務においては基本書に出ていない問題点が出てくるという事案でした。

なお、このコラムの元になった事案は、どちらの当事者が筆界を侵害しているかについては双方争いがなかったにもかかわらず、筆界特定の結果、侵害を主張している側が実は筆界を侵害している側であったという予想外の結論となったようです。

筆界特定制度は、もともとあった筆界を明らかにするという性質上、当事者の主張や認識と全く異なる結論が出るということも特徴といえます。

Method

03

債権者面接（債権者審尋）

▸ チャンスは１回！？面接の作法

――保全命令手続は、全て決定手続で行われるため、その審理においては、当事者が提出した主張書面、添付資料及び書証によって判断する書面審理のほか、審尋又は口頭弁論を行うことができる（民事訴訟法87条１項、２項）。そして、通常は書面審理と債権者審尋を適宜組み合わせる方法で審理がなされている。本メソッドでは、このうち決定を出してもらうための債権者審尋（面接）の作法について概観したい。

審理の方法

口頭による審尋には、主張の補充を口頭で行うことができること、書面の訂正も審尋中に行うことができること、担保決定の告知を審尋の席上に受けることができることなど、迅速化に資するところもあることから、東京、大阪など保全事件の専門部があるところでは、原則として、全件について（仮差押え、仮処分を問わず、また、事件の類型いかんを問わない）、申立人の当日又は翌日に裁判官が債権者（代理人）との面接を行っています（八木一洋＝関述之編著『民事保全の実務（上）　第3版増補版』金融財政事情研究会（2015年）133頁参照）。

そこで、東京地裁において保全申立書を提出すると、印紙、代理権、管轄、添付資料があるかどうかなどの形式的な審査だけ行われ（郵券は面接の後で提出することになります）、債権者面接の日程をその場で決めます。午前中に提出すると、翌日の午後1時30分以降の日程になることが多いと思いますので、申立てを提出する際には翌日以降の面接日もあらかじめ確保しておくとよいと思います。

そして、原則として、1回の口頭審尋で、特殊な事案についても長くても2、3回の審尋で結論が出ます。

このように、原則1回の審尋で判断されてしまうため、審尋期日にはしっかり準備をしていく必要があります。

確かに、1回目の審尋期日で、不備があった場合でも追加、補正が許されず、必ず却下されるということではなく、続行期日も入りますが、続行期日があることを前提に、証拠や主張を出し惜しみしていると、却下や取下げを要請されてしまうので、債権者面接には慎重に臨みましょう。

債権者審尋の実際

仮差押命令の手続において、債務者に申立ての内容が知られてしまうと、債務者が財産の隠匿、散逸させるなどして、仮差押命令の申立ての目的を達することができなくなるおそれがあるため、債務者の審尋がなされることはほとんどありません。

債権者だけの一方的な主張で判断するため、疎明資料としても原本の確認は重要な作業となります。

そのため、原本があるものは全て原本を証拠として、裁判官に確認してもらう必要がありますので、審尋期日に原本を忘れずに持参する必要があります。

そして、被保全債権の存在や保全の必要性について確認がなされます。その他にも、複数ある債権のうちの一部を請求債権とする場合には、具体的にどの債権にするのか、債務者の自宅や本店所在地が債務者名義の不動産であるかどうか、仮差押えする財産の順序等についても説明し、当該財産を仮差押えする必要があることを説明することになります。

要件を満たせば、口頭で、担保金の告知がなされ（仮差押えにおいては、請求額の２割から３割程度となっている印象です）、通常は１週間以内での納付を求められ、審尋が終了します。

体験談 1

本には書いていないルール

弁護士４年目　男性

事案は典型的

私がまだ弁護士になって半年ぐらいの頃に、事務所の事件として担当した案件の内容は、居住用マンションで賃料を滞納している賃借人がいる、催促しても支払わないので、退去させたい、という典型的でシンプルなものでした。依頼者は法人（株式会社）で、契約書や賃料の入金履歴などの証拠関係もしっかりしている案件でした。方針としては、賃料不払いの債務不履行を理由に賃貸借契約を解除し、立ち退きを請求することになりました。依頼者（の担当者）から事情を聞いている限りでは、特に賃借人が占有を移転させる危険はなさそうでしたが、念のために、裁判で建物明渡しの請求を行う前提として、占有移転禁止の仮処分も行うこととなりました。

私は、保全処分は初めてでしたが、書籍を見ながら準備をしました。典型的な事案だったため、準備をしているときにも特に大変な点はありませんでした。仮処分の申立ての書面を作成し、疎明資料として、賃貸借契約書等の原本の写しをとり、甲号証の番号を振っていきました。その他の必要書類も準備し、印紙代や郵券代も調べ、申立てを行うことになりました。

事案が典型的でもあったため、周りの弁護士に保全処分の申立ての流れ等を聞いたりせずに申立てを行いました。

ここから先にヒヤッとする、本には書いていないルールが待ち構えていることも知らずに。

本には書いていないルール1
(裁判官面接と原本確認)

東京地裁の保全部に申立書一式を提出すると、裁判官面談の日程を調整しました。私は、申立書を提出した後に、裁判官と面談をすることを知りませんでしたし、裁判官との面談でどのようなことをするかも知りませんでしたが、せいぜい事件の内容を聞かれるのだろうぐらいに考えていました。

面談では、裁判官が申立書を見て、疎明資料である甲号証を見たうえで、「証拠の原本をお願いします」と言われました。

ここで証拠調べのような手続があるとは考えていなかったため、一瞬何を言われたかわかりませんでした。私は、いつも資料の原本類はクリアファイルに入れて、事件のファイルの中に挟んでいるので、問題なく進みましたが、持ってきていなければ恥をかくところでした。だいぶ動揺していましたが、無事、裁判官との面談も終わり担保決定がなされました。多少の修正箇所はあったと記憶していますが、担保の提供を行うこととなりました。

本には書いていないルール 2
（供託時の法人の資格証明書の提示）

担保決定のあとは、担保金を供託することとなりますが、私は担保金の供託について、第三者供託の許可申請を知りませんでしたので、依頼者から供託委任状をもらって供託に行きました。

このときは、直接、東京法務局の窓口に供託に行きました。

供託課の窓口では、委任状を提出しましたが、その際に職員の方から「資格証明書をお願いします」と言われました。この案件の依頼者は株式会社だったので、資格証明書として商業登記簿が必要となるのは当然なのですが、このときはまだ実務経験が浅かったこともあり、資格証明書のことも頭から抜けていました。一瞬焦りましたが、ファイルの中には依頼者の商業登記簿の原本が入っていましたので、ここでも問題なく進めることができました。

本には書いていないルール 3
（仮処分の執行の際に職印が求められる）

その後は、保全命令が発令され、現場まで保全執行に行きました。待ち合わせの時間に、現場（対象のマンション）付近で執行官と合流しました。このときには、執行官が持ってきた書類に職印をお願いします、と言われました。私は、当時は常に職印を持ち歩いていたわけではないので、このときも少し焦りました。今となっては、職印は常に鞄の中に入れておくのは当然なので、当時のように焦ることもないのですが、弁護士になった頃は、書面を作成する机に職印を置きっぱなしにしていたこともよくありましたので、よい経験となりました。

弁護士になりたての頃は、実務の経験がないので、マニュアル本や書籍には記載されていないところでミスをしやすいかと思います。初めての手続を行う際には、手元にある記録や資料を全て持っていくことが重要だと認識した案件でした。

体験談 2

申立てのやり直し?

弁護士 5 年目　男性

事案の概要

私の依頼者は債権者であり、工事請負会社で、継続的に複数の案件を受注していました。その具体的な工事については、債務者である下請業者に依頼していました。その下請業社が、現場に応じて、作業員を集めたり、重機等をレンタルしたりして、工事を完成させていました。そして、毎月ごとに、人工代等のかかった費用等について、債務者から債権者に対し請求書が送付され、債権者は債務者に対し、請求書の内容を支払っていました。

そのような中で、下請業者が、自動車を２か月に１回という短いスパンで買い替えたり、派手に遊んでいるといった噂が入るようになりました。そこで、債権者側で調査した結果、債務者は、すでに退職している人間を働いていることにしたり、人工代の単価を偽ったりして、工事代金を水増ししていることが判明しました。

東京地裁での面談

債権者側で債務者と面談して事情を聞き、債務者も直近１か月については、水増しを認めましたが、それ以外は認めない状況で、債務者に水増し請求が発覚したことで、浪費していた財産がさらに散逸する可能性が高い状況でした。

そこで、債権者の本店所在地がある東京地裁で、まず保全の申立てをすることにしました。

申立書を東京地裁民事第９部に持参するとその場で、管轄等を確認して、翌日以降に裁判官との面談をする日を調整しました。

面談においては、まず原本の確認等がなされるのですが、今回の事件においては、裁判官から、客観的な証拠がなく、疎明ができていないと言われました。

確かに、債務者から、各作業員にいくら支払われたかが不明であり、退職した作業員との連絡もとれない、そもそも実在するかどうかが不明の状態であったため、いつからどの程度水増ししているのかを概算で算出するしかない状況でした（債務者が水増しを自認した月における当初の請求書と修正した金額の差額で、どの程度の割合で水増ししていたかを計算して概算する必要がありました）。

実情を訴えても、当該裁判官では、とても保全決定が出る様子ではなく、面談後、持ち帰って依頼者と相談して取り下げることにしました。

別の裁判所での申立てで保全は通ったけれど……

今回は、関東の別の県に債務者の本店所在地が存在していましたので、債務者の住所地で、再度、保全の申立てをすることにしました。

地方の裁判所であったため、東京地裁で提出した申立書とほぼ同じものを郵送で提出したところ、書記官から誤字脱字等の指摘を受けたものの、裁判官との面談や、具体的な客観的な証拠の追加を要求されることなく、約１週間後には、保全決定が出てしまいました。

保全については、裁判官によって、かなり判断が異なるのだなと思いました。

ただし、その後、債務者側から保全異議の申立てがなされてしまったため、本案と同じような審理を、保全という時間的にかなりタイトな状態でやるはめになり、しかも、結局主張立証について、東京地裁の裁判官に指摘された点が問題となり、相当苦労しました。

それに加えて、保全決定が出るかどうかについてばかりを依頼者に説明し、保全決定が出た後も和解ができず、紛争が長期化する可能性があることや、取り下げても担保金がすぐに戻ってこないことなどを十分に説明していなかったため、依頼者から文句を言われてしまいました。

保全処分はあくまで暫定的なものですが、保全申立を取り下げても、直ちに担保金が返還されるわけではありません。一度、担保金を納めてしまうと、本訴提起前、提起後いずれかにおいて相手方と和解して担保金の取戻しに同意してもらうか、本訴で勝訴判決を取得するか、権利催告をしてもらうかのいずれかの理由で、担保取消決定がなされないと、担保金が返還されない可能性があります。また、保全処分が出たとしても本訴で敗訴した場合には、担保金が全額返還されない可能性もあります。依頼者にこれらの可能性について説明し、了解を得たうえで、保全申立をする必要があることを実感しました。

そのうえ、執行との同一性等の問題もあるので、法律構成等について吟味する必要があり、単に保全の必要性や緊急性ばかりに気をとられてしまうのは危険だと感じました。

ワンポイントアドバイス

必要書類は事前に確認!!

債権者審尋においては、疎明資料の原本の確認がなされるので、原本類は必ず持参するようにしましょう。また、銀行の預金口座を対象とする際には、支店の住所がわかる資料、本店所在地、自宅の住所と登記簿がずれる場合には、ブルーマップ等が必要となり、不動産が絡んでくると、固定資産評価証明も要求され、取得に時間がかかるものもあるので、必要書類等は早めに確認するようにすべきでしょう。

また、審尋時に担保金額や、納付時期についても裁判官と協議しますので、事前に依頼者に確認すること、担保金の取戻し時期等についても十分説明しておく必要があります。

裁判所を変えるのもあり。でも問題の所在は変わらない！！

保全における裁判官面接の有無は裁判所によって運用が異なります。このため保全決定という点では裁判所ごとに対応が変わることを踏まえて保全裁判所を変えるということも検討の余地があるかもしれません。

その場合でも、事案の性質が変わるわけではないので、問題の所在への対応を引き続き検討することが必要です。

Method

04　担保金の相場・担保の積み方、戻し方

▶ 白表紙基準よりも低くする努力を！

――証拠保全は、担保金の準備ができなくても最初から諦めず、白表紙基準を踏まえながら裁判官を頑張って説得しよう！

担保の機能

民事保全法14条1項は、「保全命令は、担保を立てさせて、若しくは相当と認める一定の期間内に担保を立てることを保全執行の実施の条件として、又は担保を立てさせないで発することができる」として、保全命令の前提として担保金を債権者に供託させることを原則としています。

この担保の機能は、民事保全により債務者の被る可能性のある損害を担保する性質があるとされており（司法研修所編『民事弁護教材　改訂民事保全〈補正版〉』日本弁護士会連合会（2005年）24頁）、その担保額は裁判所の自由な裁量により決定されることが法の建前です。

しかし、実際は、裁判所内部において一定の基準があり、原則として担保額は当該基準によって運用・決定されているのが実情です（同書25頁以下）。

これに対して、債権者として保全処分の申立てをするにあたり、「白

表紙の基準による担保額を準備するのは到底無理だ」と最初から諦めてしまうことは、あまりにも勿体ないといえます。

すなわち、白表紙においても「個々の事件において裁判所はこれを一応の参考にはするが、あくまでも当該事件の具体的事情（保全命令の種類と態様、被保全権利の内容と価格、保全の対象物の種類と価格、債務者の職業・財産・信用状態や、その他債務者の被るべき苦痛の程度など）及び申立ての理由についての疎明の程度を考慮して、その事件の担保として妥当な額を決定している」（同書25頁以下）と記載されているように、あくまでも個々の事件での事情が相当程度考慮されるからです。

例えば、担保基準のパーセンテージについて、最低水準をとったとしてもなお担保金の準備が難しいと考えられたとしても、そもそもの目的物の価額自体を低く見積もることができれば、母数も小さくなることとなり、担保額総額を低く抑えることができます。

保全処分を検討するにあたっては、すでに権利保全の必要性が高いがゆえに緊急性があり、迅速性が求められますが、担保金額の基準をいかに突破するか、裁判所との交渉こそが、弁護士としての腕の見せどころともいえましょう。

担保金の積み方、戻し方の基本

1　担保金の積み方

担保決定を得られたら、裁判所が定める担保提供期間（3日から7日間程度とされることが多い）に、当該裁判所を管轄する地方裁判所の管轄区域内の供託所に対して、担保決定された担保金額を供託する必要があります（民事保全法4条1項）。

事前に金額空欄の供託書を準備をしておくと（書式等は法務省ホームページ参照。具体的な供託手続については http://houmukyoku.moj.go.jp/homu/content/000131065.pdf 参照）、その日のうちに供託から発令までスムーズに進めることができます。

2　担保金の戻し方

担保を取り戻すには、担保取消しをする必要があります。

担保取消しには、①担保提供者が担保事由の消滅を証明した場合、②担保権者の同意を得たことを証明した場合、③権利行使催告により担保権者の同意が擬制される場合に認められます（民事保全法4条2項）。

担保提供者は、上記担保取消事由を証明するため、供託原因消滅証明書を供託金払渡請求書に添付して、供託書正本とともに供託所に提出し、供託金の取戻しをすることになります。

ここで必要とされる供託原因消滅証明書は、多くの場合、担保権利者が担保取消しに同意する旨の条項が含まれる裁判上の和解調書が用いられます。担保権利者本人の同意書を利用する場合には、同意書への担保権利者の実印押捺と当該印鑑の印鑑登録証明書が必要になります。

体験談 1

固定資産税よりも低い価額を基準とすることだってできる

弁護士 11 年目　男性

不動産の詐欺的取引における処分禁止の仮処分

「母がだまされて土地を売ってしまったようです！　」と息せき切ったご子息から連絡があったのは、4年前の暑い夏の日。聞けば、少し物忘れが始まった高齢のお母様が所有する時価約8,000万円の土地について、不動産業者が言葉巧みに「お子さんたちのために現金化しておいた方がよい」と半ば詐欺的に持ち掛け、約3,200万円で売買契約をしてしまったとのことでした。

担保決定でのやり取り

買主の不動産業者においては、転売利益を見込んでの取引であったことが容易に想定されたことから、転売を防止するため、処分禁止の仮処分の申立てを行いました。そこで被保全債権の存在と保全の必要性が認められたため、担保決定に至ったところで、裁判所から担保金は当該土地の固定資産税評価額（約 4,700 万円）の 10% の 470 万円とする旨の示唆を受けました。

これに対して、債権者（売主・高齢者）は年金受給者で、年金により生計を立てているのみであり、預貯金が多くないことから多大な負担を負わせることはできないと説明し、なんとか担保額を安くできないか、粘り腰で交渉を開始しました。

担保決定での裁判所の説得

当初、裁判所は「通常どおりでよいのではないか」と難色を示しました。しかし、債権者（売主・高齢者）の資産状況を考えるとなんとかして担保額を下げたかったため、

① 本件が詐欺的取引であり、債務者の要保護性が低いこと
② 債権者が高齢であり、これ以上預貯金の取崩しが難しいこと
③ 通常は固定資産税評価額が基準になるとしても、債権者自身が本件土地の価格を 3,200 万円で評価しているのだから、この額を基準とすべきこと

の 3 点を主張しました。

すると、裁判所も、③について理解を示してくださり、②の追加資料の提出をもって、担保額を（債務者が買い取ったとされる 3,200 万円を基準とした 10% である）320 万円とするとの決定を出してくれました（結果として、担保額が 150 万円も安くなったことで、依頼者からはとても安心していただけました）。

体験談２

担保金が決定されるタイミングに注意

弁護士３年目　男性

事案の概要

当方依頼者（女性）は、夫の不貞行為及び暴力を理由として離婚を決意し、財産分与と慰謝料を請求することにしました。

もっとも、配偶者が財産を隠匿するおそれがあったため、夫名義になっている自宅マンションにつき仮差押命令の申立てをすることにしました。

慰謝料請求権を被保全権利とすることも考えられましたが、当方依頼者が過去に夫の不貞相手に対して訴訟を起こし、裁判上の和解により慰謝料を得ているという経緯がありました。そのため、これを超える額の慰謝料請求権が存在するということの主張をするより、財産分与請求権の主張の方が裁判所に認めてもらいやすいだろうとの考えから、財産分与請求権のみを被保全権利として自宅マンションの仮差押命令の申立てを行うことになりました。

離婚に伴う財産分与請求権を被保全権利とする不動産仮差押命令はどこに申し立てるか

通常の保全事件の申立ては地方裁判所に対して行いますが、人事訴訟を本案とする保全処分については、本案の管轄裁判所又は仮に差し押さえるべき物もしくは係争物の所在地を管轄する家庭裁判所が管轄することとされています（人事訴訟法30条２項）。

そこで、本件では、東京家庭裁判所に申立てを行いました。

東京地裁民事第9部とは扱いが違う

東京地裁民事第9部では、保全の申立てを行った後に裁判官との面接があり、通常、面接の手続の中で担保金の額について裁判官から打診を受けます。

しかし、これはあくまで東京地裁民事第9部がそのような運用をしているというだけで、他の裁判所で常に同様の扱いがとられているというわけではないことに注意が必要です。

当時、私はこの点についての認識がなく、担保金については面接の中で決定されるものだと思っていたので、申立書を提出する段階で、担保金を安くしてほしいという希望や、そうすべきであるとの判断を後押しする事情を、裁判所に伝えていませんでした。

申立てからしばらくして、裁判所から電話で、「担保金を500万円として決定を出しました」との連絡があり、この時点ではすでに決定が出されているので、担保金の額についての交渉はできませんでした。

本件では、依頼者がなんとか500万円を工面できたので事なきを得ましたが、そういう幸運なケースばかりとは限らないため、裁判所によって保全手続の進行の仕方が異なるということを意識して、裁判所と密に連絡をとることが必要でしょう。

ワンポイントアドバイス

担保決定でもうひと知恵絞ることの大切さ

民事保全法14条1項も認めるように、保全処分においては、場合によっては「担保を立てさせないで」保全命令をすることが認められており、担保額の決定が自由裁量とされていることもあいまって考えれば、事件解決まで返ってこない担保金については粘って交渉により１万円でも安くするように努力することが、代理人の務めであろうと考えます。

したがって、裁判所から担保額について伝えられてから、その場で白表紙にある次の基準、

・保全命令の種類と態様

・被保全権利の内容と価格

・保全の対象物の種類と価格

・債務者の職業・財産・信用状態

・その他債務者の被るべき苦痛の程度など

について、頭を働かせて、少しでも担保額を低く設定してもらえるように裁判官を説得するよう頑張ってみてください。意外と安くなるものです。

担保金額についての意見も保全申立の一部？

保全手続は、裁判所によって進行の仕方が異なり、東京地裁民事第９部のように全件で裁判官面接をするわけではなく、申立て後、裁判所から突然電話があり、少し話したあと決定事項を伝えられるということもままあります。

事前に保全手続の進行について確認し、申立て時に担保金額についての意見も上申書等の形で裁判所に示しておくことが必要です。

Method

05 保全の和解的機能

▸ 本案前に片付けろ！

――本案訴訟を待たず、保全事件で紛争を解決できれば、依頼者にとっても、代理人にとってもメリットは極めて大きい。特に、満足的仮処分といえる仮地位仮処分においては、必要的審尋事件であり、早期の和解のチャンスとなる。具体的な和解案も検討して申立てに臨むようにしたい。また、事案によっては仮差押事件であっても、訴訟外の和解の端緒になることがあり、諦めてはならない。

仮地位仮処分で権利の実現を目指そう！

保全事件は、仮差押えであれ仮処分であれ、本案訴訟を前提にする手続であることは当然です。

しかし、特に仮処分のうち仮地位仮処分については、本案判決により実現される権利を、仮処分の段階でいわば前倒しして実現することを内容としています（それゆえ、「満足的仮処分」といわれることがあります）。

そのため、権利救済という観点からは、本案判決を待つのではなく、保全の段階で権利の実現をしてしまうことが、依頼者にとって大きな利益となります。

また、仮地位仮処分においては、債務者に及ぶ不利益が極めて大きいことから必要的審尋事件とされていますが、これは、裏を返せば審尋期日において和解のチャンスがあるということです。
通常、本案訴訟では長期にわたって争点整理をした後に和解の機会がやっと訪れることと比較すれば、保全の段階で早期に和解にこぎ着けることができれば依頼者の満足度は非常に高いものになるはずです。チャレンジする価値は十分にあるといえます。
もっとも、仮地位仮処分が債務者に対して大きな不利益を課し得るものである以上、保全の必要性というハードルが極めて高くなることには注意が必要ですし、担保の金額がかなり高額なものになる可能性もあります。その意味で、他の保全事件と比較しても、依頼者には十分な事前説明が必要であることには留意ください。

仮差押えでも和解のチャンスはある！

では、その他の仮処分や仮差押えの場合、和解のチャンスにならないのでしょうか。
この点、事案にもよりますが、仮差押えの目的物が債務者の急所を捉えたものである場合、債務者としてはどうしても仮差押えを解除したい！　と思うこともあります。
例えば、売掛金債権の差押えの場面で考えると、債務者としては、取引先との手前、売掛金が仮差押えされたとなれば、信用問題に直結しますので、是が非でも仮差押えを解除すべく奔走することが予想されます。
そうした場合には、任意での請求ではらちが明かなかった支払いが、訴訟外の和解により瞬く間になされることもあり得るのです（払えるなら先に払えよ！　という気持ちになることもありますが……）。
このように、保全の和解的機能には無視できないものがあります。急ぎの起案、担保金の準備等労力はかかりますが、和解が見込める場合には、積極的に保全申立を行うことをおすすめします。

体験談 1

先生、私のビルが傾いてきているんです！

弁護士６年目　男性

急ぎの相談

ある日、以前からお付き合いのあった方から、急ぎ対応してほしいとの電話がありました。

話を聞いてみると、依頼者が所有し第三者に賃貸しているビルの隣地でマンションの新築工事が始まったが、この新築工事の影響で、依頼者所有のビルが傾いてきているため、今すぐ工事を止めさせたい、どうにかならないかという相談でした。

現場が都内だったこともあり、電話である程度の聞き取りを行った後、現地で打合せをすることにして、事務所を飛び出しました。

現地にて

実際に、現地の傾いているというビルを見てみると築年数がある程度経過していそうな外観で、依頼者によれば、築40年は超えているとのことでした。

特にビルの上の方の階が傾いていることが外からでも見てとれました。

隣地のマンションの新築工事の影響でビルが傾いたことを示す資料をどのように収集しようかと考えていると、工事が開始される前から、依頼者が調査会社に依頼しており、隣地の新築工事着工前と現在の依頼者のビルの状態とを比較することが可能な状況を整えてくれていました。

また、ビルの賃借人に協力をお願いし、陳述書を作成してもらう段取りとしました。

対応の検討と経験不足

隣地の新築工事をなんとか止めなければ、下手をすると賃借人にも危険が及ぶかもしれないことから、内容証明郵便で、施主や請負会社に警告書を送付することにしました。

あわせて、賃貸人として最大限の対応をしておく必要があるという話になり、建築差止仮処分の申立てを行うことになりました。

思い返すと、とても怖い話なのですが、当時は、保全の経験がほとんどなく、依頼者の希望のまま保全を行う方針となりましたが、依頼者に対して、具体的にどれくらい費用がかかり、どのような書類を収集し、申立てが認められる見込みや事件がどのような経緯で進むか等の説明が不十分であったと後悔しています。

依頼者との打合せが終わったのが夕方だったことから、慌てて弁護士会の図書館に駆け込んで保全に関する書籍を借り、本屋で保全に関する本を買ったことを覚えています。

保全のように緊急性を有する手続については、いざ申立てを急がなければいけないときに、すぐに対応できるよう、日頃から研鑽し、必要な書籍等は手元に置いておけばよかったと後悔しました。

先輩弁護士への相談

なんとか保全の申立てを行い、ひと仕事終えたと思いましたが、今後の進行に不安があったことから、この事件について先輩弁護士に相談をしました。

先輩弁護士からは、建築差止めの仮処分は、申立ての筋がよいものであれば、和解になることも多く、和解の内容もさまざまであるから、どのような解決を目指すのかも現時点で検討しておいた方がよいとアドバイスをもらいました。

確かに、保全の申立てはしたものの、事件をどのように着地させるかという点については依頼者とは十分に検討できていなかったため、あらためて依頼者と検討することにしました。

話を聞いてみると、依頼者はもともと今回の所有のビルを売却することを検討していたが、今回の件で売却ができなくなってしまうことをとても残念がっていました。

依頼者の話を聞いて、相手方が大きな会社であったことや、不動産の立地から、相手方に依頼者所有のビルの買取りを求めることもあり得るかと考えました。

そのため、依頼者には、どのような条件で売却を検討していたかも今後のために教えてもらうことにしました。

和解での解決

裁判所から審尋期日の連絡があった後、相手方の代理人から連絡があり、遠回しではありますが、当方の話合いでの解決の意向を確認する連絡がありました。

こちらもすぐには全ての要望を話しませんでしたが、賃貸人としての責任もある、現段階ではとにかく工事を止めてもらう必要があると考えている、というような説明をしつつ、よい提案があれば和解をすることもあり得るとの話をしました。

審尋期日では、裁判官からも和解をすすめる話があり、ほぼ最初の段階から和解について協議する場となりました。

審尋期日では、大枠の和解の条件を話し合い、審尋期日の後も、相手方とやり取りをして、最終的には、相手方に依頼者所有のビルを買い取ってもらう内容での和解がまとまりました。

依頼者の当初の希望条件を上回る内容だったので、大変喜んでいただけました。

保全事件になれていないこともあり、和解を期待して行ったわけではありませんでしたが、保全の和解的な機能を肌で感じた経験でした。

その後も、建築差止仮処分を申し立てられること等もありましたが、申立ての筋がよい場合は、裁判所からも、和解について検討を求められることが多いため、和解の話になり得ることも前提に、どのような解決策があり得るか検討するようにしています。

体験談 2

仮差押えで一気に債権回収を！

弁護士 15 年目　男性

貸し付けたお金が回収できない！

弁護士になって 7 年目、まだ独立前のイソ弁時代に担当した事件です。

依頼者は機械部品製造の零細企業に勤める男性で、資金繰りに窮した経営者個人に対し、運転資金としてその都度数十万円を現金で貸し付けていました。

しかし、最初の貸付けから半年を経過する頃には、借主の経営者は全額を返済することができなくなり、以後、2 年半を経過する頃には、未回収額は一時 600 万円近くまで膨れ上がっていました。

そこで、借主はさらに貸付けを求めるため、依頼者に対し、あらためて金銭消費貸借契約書を作成し、その際、勤務先会社が経営者個人に対する貸付けについて連帯保証をすることになりました。

しかしながら、借主の経営者は全額を約束どおり返済することはできず、依頼者が相談に訪れた時点では、未回収額は約 500 万円という状態でした。

現金がなくても売掛金がある！

依頼者の勤務先は零細企業であり、依頼者としても借主である経営者個人に資力がないことは十分わかっていました（従業員から運転資金を借りるくらいですから、相当厳しい状況であったはずです）。

しかし、本件においては、借主がさらなる借入れを引き出すために会社の連帯保証を付けていたことが幸いしました。

無論、零細企業である会社自身にも、貸金を一気に返済するだけの現金はありません。しかし、会社が零細企業であったこともあり、依頼者は会社がどの企業に売掛金を持っているか、売掛金の金額がどの程度であるか、入金日は何日かということを正確に知っていたのです。

そのため、本件については本訴提起に先立ち、売掛金債権を仮差押えすることを決定し、早急に申立てを行うこととしました。

東京地裁民事第９部での裁判官面接について

この件については、東京地裁民事第９部での面接もスムーズに進んだことを記憶しています。

当時の申立書を見返すと、保全の必要性について、①一従業員から運転資金の貸付けを受けていること自体、会社の資金繰りがひっ迫している、②会社を存続するか清算するかの従業員ミーティングを開催している、③資金繰りのため、本件仮差押えの第三債務者に対し、支払いの繰上げを要請していること等に言及し、第三債務者に対する売掛金が会社に支払われてしまえば、会社の他の債務の返済にあてられてしまうことなどがかなり詳細に記載されていました。そのため、被担保債権の蓋然性に加え、保全の必要性についても裁判官の納得をすぐに得られたのではないかと思います。

早期の回収へ

その後、担保金の納付を経て、債権仮差押命令が発令されると、連帯保証人である勤務先会社の対応は非常に素早いものでした。

会社としては、受注先である電機メーカーへの手前、売掛金の仮差押えを受けるというのでは面目が丸潰れのはずですし、最悪、会社の信用状態を危ぶまれ取引自体が停止されるおそれも出てきてしまうからだと思います。

結果、申立てから１か月も経たないうちに、訴訟外で早期の和解が成立し、依頼者は分割ではありますが貸付金の全額を回収することができました。

事件を振り返って

本件では、①借主である経営者がさらなる借入れを求めるため会社を連帯保証人として立てていたこと、②従前の貸付けに関し、準消費貸借契約書を作成しており、被保全債権の蓋然性を容易に疎明できたこと、③債権者である依頼者が会社の従業員であり、会社の売掛金の所在・金額等、さらには運転資金のひっ迫状況について正確な情報を持ち合わせていたことが早期の回収につながったポイントだと思います。

通常の事案ではなかなか債務者側の情報を正確に把握することは難しいのですが、内部の協力者や同じ業界の知人・友人等から情報を得ておくことは保全執行においては非常に大切であると考えます。

体験談 3

ここは和解を目指しましょう

弁護士 6 年目　男性

審尋期日の連絡

ある日、依頼者から、退職扱いとした従業員から、地位保全等仮処分を申し立てられて、審尋期日への呼出しがなされたとの相談がありました。

病気休業をしていた従業員について、就業規則に従い、休業期間中に復職できなかったため、退職扱いとしたが、雇用契約上の権利を有する地位にあることを仮に定めることの申立てがされたとのことでした。

また、退職扱いとする際には、社会保険労務士に相談しながら進めたとの話でした。

資料を見てみると……

取り急ぎ、書類を送付するように依頼者にお願いし、後日打合せをすることにしました。

送られてきた資料を見てみると、休業期間満了前に就業可能であるとの診断書が労働者から提出されており、他の資料を精査しても、休業期間満了による退職は認められることはほぼないと考えられる事案でした。

会社が相談していたという社会保険労務士とは、以前から知り合いであり、会社から事情を聴くことの了承を得ていたため、退職扱いとした際の事情を聴いてみると、退職は無効になると説明したものの、当時、人事を担当していた上司がほぼ一存で決めたとのことでした。

会社には、率直に、保全決定がされる可能性が極めて高いこと、その後の民事裁判でもまず勝ち目はないことを説明し、費用や時間、当該従業員の性質等を考えると、保全手続の中で相手方を復職させるないし相手方の同意を得られれば、解決金を支払って退職してもらう和解を行うことが現実的な選択肢である旨を告げました。

その後も、会社との打合せを行っていると、人事を担当していた上司はすでに退職しており、復職させることに異存はなく、早期に和解をして復職する方針としたいとの要望がありました。

手続外で和解をしてしまうことも検討していましたが、特殊な法人であり、関係者への説明に裁判所からの和解のすすめがほしかったことや、申立書にパワハラがあったとの主張があったことから、裁判所での審尋期日ではこちらの主張は提出しながら、和解の方法を探る方針となりました。

いざ、和解を目指して審尋期日へ

主張書面においては、申立人の主張は争いつつも、裁判所に対しては当初から、和解による解決も検討していることを伝え、法人の性質上、裁判所から和解をすすめてもらえると、和解の検討はしやすい旨を伝えました。

裁判所から伝え聞いたところによると、相手方は当初和解はあまり念頭に置いていなかったのですが、裁判所からも説得を行ったようです。

そのおかげもあってか、最終的に復職する内容での和解を行うことになりました。

和解の際には、今後の紛争の芽をできるだけ摘むためにパワハラがないことを確認する文言を入れる等、こちらの要望も反映することができました。

当初から、早期の和解を行うことを目的として、審尋の場を和解協議の場として利用した事例で、敗訴的な和解ではありますが、依頼者も一応納得できる内容で和解をすることができました。

相手方にとっても、保全手続が和解を促す機能を果たし、依頼者にとっても、早期の和解を実現する手段となった事例だと思います。

体験談 4

高齢者詐欺事案での迅速解決

弁護士 11 年目　男性

土地がだまし取られた!?

「母がだまされて土地を売ってしまったようです！　」と息せき切ったご子息から連絡があったのは、4 年前の暑い夏の日。聞けば、少し物忘れが始まった高齢のお母様が所有する約 8,000 万円の土地について、不動産業者が言葉巧みに「お子さんたちのために現金化しておいた方がよい」と半ば詐欺的に持ち掛け、約 3,200 万円で売買契約をしてしまったとのことでした（Method 04 体験談 1 と同一事例）。

処分禁止の仮処分

売却先が不動産業者ということでしたので、当該業者は転売利益を得ようとしていたことが容易に推認されました。そのため、転売ができないように「処分禁止の仮処分」を申し立てることで、まずは被害がこれ以上広がらないように対応をとることとし、順次証拠を集めて無事に仮処分登記を得ることができました（なお、この時の担保決定に関しては、Method04 体験談 1 にて詳述しています）。

処分禁止の仮処分に対する保全異議申立

ところが、債務者（不動産業者）が、仮処分に対して保全異議申立をしたため、保全異議申立の審尋に舞台は移り、ここで債務者代理人から、債権者（高齢者）及び債務者（不動産業者）の交渉過程を記録した録音データがあることが示唆されました。このため、債権者代理人として、当該録音データについて証拠保全を申し立て、その交渉記録を当方の手中に収めることができました（Method04 体験談1にて詳述しています）。

異議申立審尋の和解機能

以上の経緯を踏まえて、裁判所から和解勧試があり、売買契約締結から11か月での解決となりました。この時、保全異議審の裁判官からの強い和解勧試があったからこその解決であり、本訴よりも先行して保全異議審での充実したやり取りが進められたからこその解決であったと考えています。

ワンポイントアドバイス

和解内容を事前にイメージ！
他方で担保金にも留意を

本メソッドに挙げた4つの体験談は、いずれも本案訴訟に至ることなく、紛争解決に至った事例です。

体験談1は、結果的に依頼者所有の建物を買い取ってもらうという形で解決ができましたが、申立て前の段階で和解を検討し、どのような形で和解に持っていくか、依頼者と事前に検討ができればよりスムーズであったと思われます。また、建物建築禁止の仮処分の場合、仮に発令となった場合の担保の金額は極めて高額になることが予想されます（事例にもよりますが、建築費用の２割から５割という額が想定されます）。その点についても、事前に依頼者に説明を尽くしておくべきではありました。

仮差押えでも和解のチャンス！　ただし資産調査を忘れずに

体験談２は、仮差押えをきっかけに訴訟外の和解に至ったケースですが、債務者にとって影響が大きい売掛金債権の仮差押えを認めてもらえたことが早期の解決につながったポイントです。もっとも、債務者にとってより影響が少ない資産（不動産、場合により動産）があった場合、仮差押えが認められない場合もありますので注意したいところです。

敗訴的和解でも！　裁判所の協力を仰ごう！

体験談３は、仮地位仮処分を申し立てられた債務者側からみた事例ですが、最終的な発令の可能性について見通しを立てたうえで、依頼者に説明、説得ができたところがポイントとして挙げられます。裁判所に和解の意向を示し、裁判所からも説得してもらうことが和解成立に向けて重要といえます。

保全異議審尋段階でも和解機能！
保全異議審の充実を図ろう

体験談４は、仮処分を経て保全異議段階での和解を成功させた事例ですが、保全異議があれば相手方が登場してくるので、早期解決のチャンスです。証拠保全を行い、交渉記録を使うことができ、保全異議の段階で裁判官から強い和解勧試ができる程度の充実した審理ができたことがポイントです。

□ 緊急事態宣言下での保全処分における和解機能

新型インフルエンザ等対策特別措置法に基づき2020年4月7日から同年5月31日まで緊急事態宣言が発令されていた期間中、裁判所の機能がほぼ停止状態に陥った際、近隣土地紛争について、保全処分を通じた和解事案を取り扱いました。

緊急事態宣言下においても、保全手続は、手続の緊急性を考慮して、民事裁判においても例外的に受付をしていたことに目をつけた申立てでしたが、結果的に、社会環境が特殊な状況下において合理的な解決を導くことができました。

当事者間での交渉が行き詰まった際に、早期解決を求める趣旨で、裁判所を介した手続の中で和解的な機能を持たせることができる保全処分の手続は、今後も早期の和解を求める当事者にとっては極めて有用な機能を有すると考えています。

通常の一般民事事件においても、「保全の必要性」の疎明について工夫をすることで、保全手続に乗せることは十分可能でしょうから、時間のかかる本訴による解決とは別に保全手続を活用することは有用であるということができます。

Method

06 保全に対する不服申立

保全を争うなら有利な土俵を選べ！

――保全命令が執行されても、債権者・債務者ともにその後何のアクションも起こさなければ、保全された状態がそのままずっと続くことになる。したがって、債務者は、債権者の動きがない場合や急を要する場合、保全命令の不利益から免れるためには自ら何らかの手段を講じる必要がある。その手段として、保全異議・保全取消しといった手続を選ぶべきだろうか。それとも本案訴訟の遂行を中心とした解決を選ぶべきだろうか。

保全における不服申立手続

民事保全法上、保全命令自体の効力を争う手続として、保全異議（民事保全法26条以下）と保全取消し（同法37条以下）が定められています。

保全異議は保全命令の時点までの事由に基づく不服申立であり、保全取消しは保全命令の時点以降の事由に基づく不服申立です。もっとも、保全異議手続において保全命令の時点以降の事由を主張することは許されると考えられています。

保全異議・保全取消しの手続は、審尋手続により迅速に進みます（口頭弁論は任意的であり、実施されることはまれです）。立証も証明ではなく疎明によります。そのため、保全命令からの迅速な解放が期待できます。

また、保全異議・保全取消しは、仮地位仮処分と同様に必要的審尋事件とされているため、保全の和解的機能（Method 05 参照）を享受することができ、紛争全体の早期解決も期待できます。

他方、保全異議・保全取消しの結論が出たとしても、債権者としてはこれに拘束されずに本案の訴訟で権利実現を求めることができます。そのため、紛争全体については保全異議・保全取消しの手続で一回的に解決することができず、むしろ解決が長期化するおそれもあります。

なお、保全異議・保全取消しの申立てに対する裁判にさらに不服がある場合には、保全抗告（同法 41 条以下）を申し立てることができます。

本案訴訟での解決

債務者としては、保全命令自体にはあえて不服申立をせず、本案訴訟を主戦場にして紛争の解決を目指すことも考えられます。

債権者が本案訴訟を提起しない場合には、債務者は、起訴命令申立（民事保全法 37 条 1 項）を行うことにより、紛争を本案訴訟に持ち込むことができます。債権者が起訴命令に従わない場合には、保全取消しにより債務者は保全命令から解放されることになるからです（同条 3 項）。

保全命令が続くことで不都合がある場合には、仮差押解放金・仮処分解放金を供託したうえで本案訴訟で決着をつけることも 1 つの選択です。

本案訴訟において訴訟上の和解をすることになれば、その和解条項において債権者が保全命令申立を取り下げることを記載することが通例であり、これが履行されることによって債務者は保全命令から解放されることになります。

本案訴訟において債務者勝訴の判決が確定した場合には、債務者は、事情の変更による保全取消し（同法38条1項）を申し立てて、保全命令から解放されることになります。

本案訴訟での解決は、紛争全体の一回的解決につながるというメリットがありますが、本案訴訟の判決が確定するまでに時間がかかるため、保全命令からの解放はどうしても遅くなってしまうというデメリットもあります。

体験談1

消滅時効の成立を隠した仮差押えに対して

弁護士13年目　女性

突然の保全決定の通知

顧客から、突然銀行口座が使えなくなった、との相談があり、その直後に裁判所から口座を仮差押えする、との決定通知がきました。

決定の内容を確認すると、従前の取引先から従前の未払金を被保全債権として、保全命令が出た、という内容でした。

顧客としては、すでにその債権者との取引は終了しており、未払金はないとの認識であり、また取引自体は随分前に終了しており、保全命令が出る前に一度債権者から支払いを求める連絡があったものの、取引終了から期間が経過しており、仮に未払金が残っていたとしても消滅時効が完成している、という話をした、ということでした。

対抗手段の選択

債務者側としては、起訴命令を申し立て、本訴の中で被保全債権の存在を争うことも考えられましたが、取引に利用する口座が仮差押えされたということもあり、早期に仮差押命令を取り消してもらうことが必要でした。

また、差押えを受けた銀行口座はメインバンクではありませんでしたが、仮差押えをされたことにより、取引銀行に信用不安を持たれてしまい、銀行担当者への説明も必要でした。

このような事情から、まずは仮差押解放金の金額を供託することで、仮差押命令の執行の停止を受け、口座を利用できるようにするとともに、保全異議を申し立て、保全命令の取消しを求めることにしました。

なお、保全異議ではなく、仮差押解放金を供託し、起訴命令を申し立て、本訴内で被担保債権の存在を争うことも考えられましたが、それでは時間もかかるため、保全異議の手続を利用することにしました。

保全異議を申し立てると、ある程度短期間のうちに期日が数度設定され、その間に双方が書面のやり取りをして、最終的に裁判所の決定が出ます。審尋を行うか否かは裁判所の判断によりますが、この件では審尋期日が設けられ、2回ほど審尋期日が行われました。

本件においては、債務者側が債権者から請求を受けた際、Eメールで債権者に対して消滅時効の援用をしている記録が残っており、保全命令が出された際には、当該記録は疎明資料として提出されていませんでした。

最終的には、こちらの主張が認められ、保全命令は取り消されました。

後日談

その後、債務者側は、仮差押解放金を取り戻し、申立人が消滅時効の意思表示をしたことを隠して保全命令を得たことを理由に債権者に対して損害賠償請求訴訟を提起し、最終的には損害賠償債権が認められました。

体験談 2

疎明の壁に阻まれて……

弁護士 10 年目　男性

早期解決を希望して保全異議手続へ

企業再生コンサルタントなる非弁業者から未払報酬請求訴訟を提起されたという依頼。本案訴訟では非弁行為に基づく報酬債権は無効という主張で争っていたのですが、しばらくしたら、非弁業務を行う中で入手した預金口座等の内部情報をふんだんに駆使した預金債権の仮差押えがなされました。契約を切られたからといってなかなかえげつないことをしてくるものです。

依頼者の資金繰りは「企業再生コンサルタント」に頼まざるを得ないような状況だったこともあり、少しでも早く解決したいという思いから、保全異議を申し立てることにしました。

非弁行為をどう疎明する?

この非弁業者が行っていたのは、依頼者にお金を貸していた多数の個人貸金債権者とリスケの交渉をするというものでした。

そのため、その個人貸金債権者たちにお願いすれば、「非弁業者が依頼者に代わって交渉していた」という陳述書や証言を得ることは不可能ではありませんでした。しかしながら依頼者は個人貸金債権者たちにまだまだ滞納が残っている状態。陳述書作成や証言のお願いで個人貸金債権者たちを刺激するのもよくないとの考えもあり、これは非弁業者が本案訴訟の当事者尋問で嘘をついた場合の弾劾手段として最後までとっておこうという方針でした。

そうすると、非弁行為の疎明に使えそうな資料が依頼者の陳述書くらいしかなくなってしまいます。案の定、審尋期日でも裁判官からかなり苦しい心証を示されてしまいました。

保全異議手続では参考人や当事者本人の審尋も可能であり（民事保全法7条、民事訴訟法187条）、少ないながらも実例もあるようです。そこで、今回の保全異議手続でも債権者本人の審尋を再三求めたのですが、裁判官は結局首を縦には振ってくれませんでした。

疎明は即時に取り調べることができる証拠によってしなければならないこととされていることもあり（民事保全法7条、民事訴訟法188条）、債権者本人の審尋をしないのが審理不尽だといって食い下がっても、裁判官の心を動かすまでには至りませんでした。

保全異議手続での完敗の悪影響

結局、書面だけでは依頼者の主張を裁判官に響かせることはできず、保全命令を認可する決定を出させてしまいました。当時の手持ちの証拠だけでは覆すのが困難だったため、保全抗告も諦めました。

その結果、債権者は本案訴訟でもかなりの強気になってしまいました。

その後、保全異議手続の時点では集めきれなかった証拠や債権者の本人尋問の結果（案の定、致命的に不利益な陳述も飛び出しました）で風向きが変わっても和解の席に降りてくることはなく、結局一審での和解の機会を逸してしまい、紛争は長期化してしまいました。

ワンポイントアドバイス

手持ちの証拠を踏まえた手続選択を

体験談１は保全異議の申立てが功を奏したケースで、体験談２は保全異議の申立てが逆効果になってしまったケースでした。

保全異議・保全取消しの手続は、勝てれば保全による不利益からの迅速な解放につながる一方、負ければ本案訴訟にも事実上の悪影響が生じることがあります。

保全異議・保全取消しの手続における立証は疎明であるため、証拠方法が即時に取り調べることができるものに限られてしまいます。

手持ちの証拠を踏まえて保全異議・保全取消しで勝負できるかを検討し、債務者にとって有利な手続を選択しましょう。

債務者有利の結果を導くために証人や当事者の尋問が鍵になる事件では、あえて保全異議・保全取消しを申し立てずに本案訴訟を主戦場にすることも１つの選択です。

Method

07

実は広い仮差押えの守備範囲

▶ 攻守両面での対応スキルを身につけろ！

――債権回収案件は、実際に回収できてなんぼの世界。その入口が仮差押えである。仮差押えの実効性を高めるためにも何が対象物になるのかアンテナを張りめぐらせたい。また、回収という目的からは仮差押え後の対応も重要である。仮差押手続は、緊急事態宣言時など裁判所の機能が限定的になっていても事件を動かす突破口になる。

仮差押えの対象（執行対象物）と時間軸

仮差押えの対象物は、民事執行法をみると、不動産、船舶、動産、債権、その他の財産権とされています。

これらについての名義人（権利者）が債務者であることが前提です。

しかし、権利は移転が可能です。言い換えれば、相談を受けた時点で名義がなくても、債務者が将来財産を取得する可能性があるということも意味します。相談の際にはこの点も考慮して相談者から債務者に関する話を聞いておくことが求められます。

例えば、債務者が近く大きな取引に関与できそうだ、実は相続物件がありそうだといった話などです。

ただ、保全手続を検討しなければならないような状況ですから、通常の取引の中で生じることは少なく、その多くは相続の発生を想定した確認をすることになります。

差押え後の対応は債権者側・債務者側の両方にある

仮差押えの効果は、その執行により処分の制限がされるという点です。特に債権については、第三債務者から債務者に対し入金がされないことになります。債務者の立場からは、入ってくるはずの金員が入ってこないのですから、債務者の資金繰りに影響を与えることになり、強いダメージを与えます。そのため、仮差押えを受けた債務者からは、仮差押えを取下げてほしいとの連絡があることがほとんどです。

債権者側としては単純に取り下げては仮差押えを経た意味がないので、最終的に取下げに応じるとしても仮差押えの実効性を確保するよう工夫をすることが求められます。

仮差押えは、仮差押え後の対応も重要になりますので、債権者側の代理人、債務者側の代理人ともに仮差押え後の対応についても十分検討しておくことが求められます。

仮差押えそのものが紛争の対象になることも

仮差押命令の発令のためには、担保金を提供することが一般的です。保全により債務者の被る可能性のある損害を担保するためです。

債権者が本案で敗訴した場合、債務者から損害賠償請求を受ける可能性があるところ、債務者が損害賠償請求を行わない場合、債権者はいつまでも担保を取り戻すことができません。そこで、債権者の申立てにより、裁判所は担保取消しの手続の１つである権利行使の催告を債務者に対して行います。その後、債務者が債権者に対して、仮差押命令により受けた損害賠償請求の訴訟提起を行うといった、仮差押えそのものが紛争の対象になる場合があります。

このように、当事者間の争いが紛糾すると本案についてだけでなく、仮差押えそのものが不法行為であると主張されて争いになることもあります。

体験談 1

時間を経て見つかる財産もある

弁護士 10 年目　男性

回収の見通しなし

ある人（以下「債務者」とします）に数百万円を貸したものの、債務者に連絡をすると「返すことができなくて申し訳ない」と謝られる一方で、一向に返済する気配がない。そこで、消滅時効が心配なので対応してもらいたいという相談がありました。

債権回収においては、まず回収可能性を検討します。

その債務者は、会社経営者であり、その会社は継続的な取引先はないが、不定期に仕事が入ってきたときは大きな収入があるようでした。債務者の収入が全くないわけではないようなので、この相談者は債務者から借金を頼まれたときに応じたようです。

また、資産はないとのことでした。その場で住所地の不動産を調べましたが、債務者所有のものではありませんでした。

このため、私の相談時の回収見通しとしては、強制執行を前提とした手段はできないが、消滅時効の対応をしつつ、弁護士名で内容証明郵便を出し、債務者にプレッシャーをかけて様子をみるということになりました。

債務者からの連絡で発見

弁護士名で内容証明郵便を債務者に出したところ、早速連絡がありました。その内容は、相談者に対しては申し訳ないと思っている、親の看病のため仕事を休み地元に張り付いていたが、その親は先日亡くなったというものでした。

私は、債務者に対してはお悔やみ申し上げるとともに、債務者とのやり取りの中で、気になった点がありました。

それは債務者の親が地元に住んでいること、その地域が債務者の本籍地の地域と一致していることでした。

これを踏まえて、私は、債務者に相続財産取得の可能性があり、これを保全もしくは強制執行の対象とすることができないかを検討することとし、さっそく債務者の所在確認の際に取得した住民票の本籍地で物件情報を確認することにしました。

すると、債務者と同じ姓の方が物件所有者となっていました。さらに債務者の戸籍関係書類にて調査を進めたところ、債務者の親と物件所有者が一致していることが確認できました。

調査と方針

不動産価格の調査も行いました。固定資産評価証明書は不動産を目的とする訴訟の提起などの理由がない限り取得できません。今回は仮差押えなので取得も可能でしたが申立ては年度越えを予定していたので、直ちには取得しませんでした。そこでまずは簡易査定を得ることにしました。取引価格を知ることも目的ですが、将来債務者が相続財産を売却するなどといったときに価格の真偽を確認できるようにする目的もあります。

仮差押えの申立ての時期は、相続放棄期間の3か月経過を待つことにしました。仮差押通知を受領した債務者が開き直って相続放棄などされても困ると考えたからです。ただ、可能な限り3か月経過直後に仮差し押さえることを目標にしました。

最後に、手続の確認です。相続財産を差し押さえるためには、代位による相続登記を経て仮差押登記をすること、申請は代位による相続登記と仮差押えを一緒に行うということは知っていました。

具体的には、仮差押命令の交付時に裁判所からあわせて登記嘱託書兼登記原因証明書の交付を受けて、代位登記申請者が法務局に申請することになります。

登記申請書ではどっちの漢字を使うの?

相続登記は何回かしたことがあるので代位による相続登記申請書をつくるのはさほど問題ないだろうと思い、自分で作成することにしました。

しかし、その自信は、添付書類として相談者の住民票を取得したときに崩れました。

住民票にこれまで見たことがない漢字があったのです。具体的には契約関係の書面や登記事項証明書には繁字体で氏名が書かれており、住民票は簡字体で登録されていたのです。

相談者から話を聞くと、住民票に使える漢字が繁字体のみならず簡字体も使えるようになったときに、住民票上の氏名を簡字体で表記するようになったのだということでした。

なお、繁字体と簡字体の関係の例を挙げると、「東京」を中国語では「东京」と表記しますが、「東京」繁字体、「东京」簡字体ということになります。

これが裁判手続であれば、○○(繁字体)こと○○(簡字体)とすれば足りますが、登記手続の場合○○(繁字体)こと○○(簡字体)という登記はできないと記憶していたので、仮差押命令の債務者名で使った○○（繁字体）こと○○（簡字体）で代位登記申請書を作成してよいのか迷いました。

登記申請の前にあらかじめ法務局で登記相談をすればよいのですが、東京法務局管内ではなく遠方であったため、直接赴いて相談することもできません。万が一補正になった場合には再度法務局に行かなければならないので、慎重を期すために申立て直前に相談するほかないとして、2種類の申請書をつくって申請することにしました。

申請直前の法務局での事前相談で、登記申請書には住民票の表記に合わせればよいことを確認して申請をし、補正に引っかかることなく代位による相続登記と仮差押登記は無事完了しました。

振り返って

登記関係の添付書類は余裕を持って取得した方がよいということです。数週間前に住民票を取得していれば余裕を持って相談できたと思いますし、司法書士にお任せするということもできたと思います。

放置してある相続財産ではなく亡くなった直後で遺産分割協議を十分検討する前に相続財産に対し保全をすることに多少の躊躇はありましたが、負債の問題は隠しきれず、いずれ問題になることだからやむを得ないと割り切りました。

私のようなイレギュラーなことがなければ、代位による相続登記を経ての保全手続はそう難しいものではないと思います。

体験談 2

仮差押え後の分割払い希望への対応

弁護士７年目　男性

申立て時のひと工夫で発令まで時間をかけない

顧問先グループの１社より、だいぶ前から取引先が買掛金を滞納し続けているところ、取引先は分割であれば払うと言っているがどうしたらよいかという相談を受けました。取引先とは今でも話ができ、念書その他も書いてよいと言われているということだったので、私は、分割でもよいのであれば執行認諾文言付公正証書を作成することとして、公証役場に行く日程調整をお願いしていました。ところが、結局条件が合わずその後連絡もとれなくなってきてしまったので、取引先のメインバンクの預金債権に対する仮差押えを申し立てることとしました。

言うまでもなく、仮差押えには被保全権利と保全の必要性の疎明が必要です。本件では売掛金債権なので債権の発生原因自体はあまり問題のない類型ですが、債務者が請求額（滞納額）全額について認めている書類はなかったので、請求債権全額が発生していることの疎明（記載）にひと工夫をしました。申立書の訂正補充が入らない場合でも、保全面接の際に質問がされる場合もあります。

例えば、本件は機械の販売代金だったのですが、請求書には納品場所の簡単な記載と金額が書いてあったのみであったうえ、本店でも現場でもない場所に対する納品につき大きい金額を請求していました。これも代表者に尋ねてみたら取引慣行上の問題で、本店や現場以外に納品する場合は買主がどこに機械を運んで使うかこちらはわからないので、全て〇〇と記載していますということでした。この点についても保全面接で聞かれましたので、（正直偶然でもありましたが）きちんと確認しておいてよかったと思いました。

続いて保全の必要性ですが、預金債権の場合、基本的には預金債権以外にみるべき資産がないことを記載すればよいのですが、本案訴訟において勝訴判決を得ても執行不能又は困難になるおそれがある点についてもしっかり理由を付して記載しましょう。もちろん、債務者の資産状況について正確なことはわかりませんし、信用調査会社の調査報告書もいつも手に入るわけでもありませんから、代表者や担当者の陳述書・報告書を添付することが多いと思います。

債務者からの慌てふためいた電話

無事発令後に第三債務者から返送された陳述書を見てみると、なんと請求債権全額の差押えに成功していました。

代表者に報告の電話を入れると、「いやあ先生、差し押えられたであろう日から向こうの社長からの電話が大変なんです。そんな金額を一括で押さえられたら大変だと騒いでいるんですよ」と伝えられたので、すぐ債務者に連絡をしてみました。すると、やはり、頭金を入れるからなんとか分割に応じてほしいという強い要望を受け、結果、預金の取立て後、担保提供と引換えに債務者に一定の金額を貸し付けることでまとまりました。もっとも、債務者所有の不動産がないために預金債権の仮差押えに至っているわけですから、顧問先と相談のうえ、債務者の機械を担保にとるということにしました。それはよいとしても、そうすると動産譲渡登記を行わなければなりません。私がやると不慣れで時間もかかりますし、忙しくて金銭消費貸借契約及び動産譲渡担保権設定契約書を作成する時間はとれなかったので、即座に顧問先でお願いしている司法書士に動産譲渡登記をお願いすることにしました。司法書士からは「先生、実は私、動産譲渡登記は初めてなんですが……」と言われてしまいましたが、私がやるより早いに決まっていますし、何より当時忙しかった（2回目）ので、丁重に動産譲渡登記を依頼した記憶です。

仮差押え後、債務者から分割払いの希望を受けたら

上記の対応はむしろイレギュラーであり、セオリーは早急に本案選択・申立てを行い、和解又は17条決定で債務名義を得ることになろうかと思います。担保徴求をするにしても、和解条項（プラス別紙契約の締結）の中で処理をするのが通常でしょう。そもそも担保に適したものを債務者が有していることも珍しいかもしれません。私もしませんでしたが、少なくとも仮差押えの取下げを先行させることだけは絶対にやらないようにしましょう。

なお、本件の顚末ですが、最終的に機械ではなく債務者所有の車両を担保にとることになりました。そうすると、対抗要件は動産譲渡登記ではなくて登録になりますので、途中まで動いてもらった司法書士の先生には大変申し訳なく思っています……。

体験談3

「陳述をもって相殺する」の罠

弁護士10年目　男性

魅惑のフレーズ「陳述をもって相殺する」

はじめて「本準備書面の陳述をもって相殺する」というフレーズに触れたのは、確か司法修習のときだったと思います。民裁の白表紙だったでしょうか。スタイリッシュですよね。

陳述をもって相殺することで、相殺の意思表示が職務上顕著な事実になり、立証不要になる。いかにもプロっぽくてスマートな表現という感じで、とてもイケてると思うのです。

それで私も弁護士になってからこれまで、訴訟において意思表示するときは、何の疑問も持たずに「本準備書面の陳述をもって」というフレーズを使ってきました。今回紹介する訴訟もその例外ではありませんでした。

陳述をもって相殺したところ……

ある秋の日に舞い込んだのは、貸金返還請求訴訟を起こされた被告からの依頼でした。依頼者から話を聞くと、どうやら原告からいろいろひどいことをされていたようで、被告から原告に対して損害賠償請求権を主張できそうな様子でした。そこで私は、依頼者と協議のうえ、損害賠償請求権での相殺を主張して、和解を目指すことにしました。

依頼の時点で答弁書の提出期限が迫っていたので、答弁書はいわゆる三行答弁で陳述擬制してもらうことにしました。第１準備書面では実質答弁をしたうえで相殺の抗弁を主張しようと思ったのですが、何分事実関係が複雑だったもので、相殺の主張は第１準備書面の提出期限には間に合わせることができませんでした。第１準備書面では請求原因に実質答弁をしたうえで「被告は原告に対して損害賠償請求権を有しているので相殺を行う予定であり、詳細は追って主張する」という予告にとどめました。

次の期日までの時間を十分に使い、「本準備書面の陳述をもって相殺する」という決め台詞で締めた第２準備書面を書き上げて裁判所と原告代理人にFAXしたのは期日３日前の夜でした。原告からなかなか受領書が返ってこないのでクリーンコピーを準備したりもしましたが、期日前日の夕方になってFAXで受領書が返ってきたので、準備は無駄に終わりました。

期日もつつがなく終わり、無事に陳述をもって相殺するという意思表示が決まった……はずでした。

期日の翌日か翌々日、依頼者から突然「預金を差し押さえられた」との電話が入りました。その後判明した事実によると、原告は期日の８日前に仮差押えを申し立て、期日前日に訂正申立てと供託を行ったようでした。そして期日当日には期日のあった法廷と同じ建物にある保全部で、仮差押決定が出ていたのです。

相殺前に過失はある？

その後、紆余曲折を経て、この仮差押えが不法行為であるとして原告に対して責任追及をすることになったのですが、その検討の過程で、「陳述をもって相殺」したせいで余計な論点を増やしてしまったことに気づきました。

民事保全が異議もしくは上訴手続により取り消され、又は本案訴訟において原告敗訴の判決が言い渡されて確定した場合には、不法行為における過失が推定されますが、相当な事由がある場合には過失が否定されることがあります（最三小判昭和43年12月24日民集22巻13号3428頁〔27000861〕参照）。

本件では、仮差押えに関する原告の行為は、陳述をもって相殺した期日の前に完了していることになります。そうすると、原告の貸金債権が認められるのであれば、相殺に供した反対債権の存否を問わず、行為の時点では貸金債権は相殺により消滅していないことになるので、過失を否定する相当な事由があるといえるのではないか、という論点が生じてしまうことになります。

内容が詰め切れてなかったとはいえ第１準備書面で相殺しておけば、あるいはせめて第２準備書面の送付をもって相殺しておけば、原告による訂正申立てや供託は相殺の効力発生後のことだと言えたのですが……。「陳述をもって相殺する」にこんな罠があるとは思いもよりませんでした。

もう１つ、検討の過程で気づいたのは、原告代理人が第２準備書面の受領書を期日前日の夕方、つまり訂正申立てや供託の後に返してきたのは、この相当な事由に関する主張を見据えてのことだったのではないかということです。この原告代理人、私が相手をしたことのある弁護士の中でも3本の指に入るくらい、普段は受領書返送がものすごく素早いんですよ。その後、毎度、素早く返送されてきた受領書を受け取るたびに思っていました。「あのときの受領書の返送、絶対意図的に遅らせたよね？　」。

体験談 4

緊急事態宣言発令中の保全手続選択

弁護士8年目　男性

緊急事態宣言発令中の相談

2020年は世界中でCOVID-19が猛威を振るった年でした。日本でも、新型インフルエンザ等対策特別措置法に基づき、(東京都を含む一部の都府県は) 2020年4月7日から同年5月31日まで緊急事態宣言が発令されていたため、その間、個人と法人を問わずさまざまな活動が中止・縮小を余儀なくされたことは記憶に新しいと思います。裁判所も、同期間、一部を除いて裁判期日を取り消して延期の扱いとしていたため、裁判手続がかなり遅延していました。

2020年4月、この時期に私は従前から受けていた貸金債権の回収と新件の預託金返還請求の2つの債権回収を担当していたため、本稿で当時の手続を振り返り、この先、同様に裁判手続がストップしてしまったときの一助となれば幸いに思います。

債権回収手続として何を選択するか

通常時の債権回収であれば、どの債務名義を取得するかはあまり悩まないでしょうし、債務者の資力（又は債権者の資力と意向）によっては仮差押えもしないことがあります。しかし、緊急事態宣言下にあっては、裁判所は民事保全事件（行政事件の仮の救済を含む）、DV・人身保護事件、民事執行事件のうち特に緊急性のあるもの及び倒産事件のうち特に緊急性のあるもの以外は期日を入れなかったですし、公証役場も予約をとることができませんでした。

そこで、私は、通常時であればまず選択しないであろう仮差押えと支払督促の申立てを行うこととしました。具体的にいうと、貸金債権回収の方は緊急事態宣言前ぎりぎりに仮差押命令が発令されていましたし、しかも、請求債権ほぼ満額をロックすることができていました。そこで、債務者に対して今すぐ債務名義を取得する手段がないことを説明し、支払督促を申し立てているから（2回とも）絶対に異議を出さないように説得して応じてもらいました（まあ、実際には裁判所の命令がないとロックを外すことができず、こちらも一銭も受け取っていないと強調して不承不承応じさせたのですが……）。他の選択肢としては、債務者は会社を経営していたので、法人資産を担保にとって再度回収金の一部を貸し付けるという方法もなくはなかったのですが、担保提供資産が不動産ではなく査定が困難でしたし、対抗要件具備をすぐに行える確実な見込みもなかったため見送りました。本件では、申立て後約1か月で支払督促が債務者に送達されています。

もう1件の預託金返還請求は、仮差押えの申立てから行いました。しかも、こちらは債務者と連絡がとれずお金も返ってこないという件でしたので、仮差押えが奏功したとしてもあらかじめ異議を出さないよう説得できるかも不明でした。保全裁判所は原則保全面接を行うところでしたが、申立て後1週間程度で面接を行うことができ、案外すんなり担保決定までとれたという記憶です。なお、面接は広い部屋でマスク着用のうえで行いましたが、原本確認がありましたし、目録の補充訂正のためにも近づきましたので、ソーシャルディスタンスの確保が難しい場面もありました。こちらの支払督促は、申立て後送達まで約１か月半かかりました。

使い勝手に対する感想

上記のうち、貸金債権回収の方は本執行まで行い取立てを完了させており、仮差押えの申立てから金融機関からの着金まで約４か月でした。本件は成功する要因の多かった極めて限定的なケースかもしれませんが、緊急事態宣言中に行われた裁判手続の中ではかなり早期に終結できたという感想です。

私の周りでは、金銭債権ではないために訴外で和解交渉を粘り強く行ったという話も聞いていますし、仮に金銭債権であったとしても、多少金額や条件について折れたうえで訴外交渉により裁判手続を用いない方が早期に終結できる場合もあるでしょう。今後、緊急事態宣言が発令されるような事態にならないことを切に願いますが、緊急事態宣言下でも裁判所は保全事件であれば期日が入りましたので、迅速に処理したい案件はいかに保全に乗せるかという観点で処理されるのがよいかと思います。

ワンポイントアドバイス

登記申請書類の確認は早めに

体験談１からは、登記申請書類（登記内容と添付書類）の確認を早めに行うべきということがいえます。弁護士は仮差押命令申立については専門家ですが、登記申請については取扱いはできても司法書士のような専門家ではありません。登記事項証明書の記載内容（文字）と添付書類である住民票の記載内容と一致しないことも珍しくありません。登記申請は独特のルールがありますので、司法書士にお任せするとか、法務局への事前相談にて確認しましょう。

やってはいけないこと……仮差押えの取下げの先行

体験談2からは、仮差押えの取下げを先行させることが、仮差押え後の債務者対応の中で絶対にやってはいけないことであるとわかります。

仮差押えの効果を踏まえて無担保債権から担保設定をした債権の変更に成功したものといえます。仮差押えによって有利な状況を引き出したのですから、その基礎である仮差押えの取下げを先行することは交渉で不利になりますので、債務者からの強い要望があっても絶対に行ってはいけません。

仮差押えのタイミングと相殺

体験談3からは、仮差押えそのものも紛争の対象となり得ること、被保全債権が反対債権として相殺される可能性がある仮差押えを予定している場合には、早めに仮差押えを行うべきということがわかります。

裁判所の機能制限時における手続選択

体験談4からは、裁判所の機能制限時でも動いている手続を探すことが重要です。具体的には、いかに保全手続に乗せるかという観点を持つべきだということになります。通常であれば選択しない支払督促を選択するというのも債務者と連絡がとれている場合には十分選択肢に入ってくるでしょう。

Method

08 係争物に関する仮処分

裁判官・執行官との協力体制を！

――係争物に関する仮処分に限らないことではあるが、保全処分においては裁判所任せにするのではなく、積極的に担当裁判官との面接や審尋の際に協力関係を構築し、また、保全執行の際には担当執行官からの実務的なアドバイスも踏まえて活動をしていくことが肝要である。

係争物に関する仮処分の一般論

係争物に関する仮処分によって保全される権利は、金銭以外の係争物の給付を目的とする請求権になります。

この係争物は、不動産や動産のような有体物に限らず、無体財産権（工業所有権、著作権など）についてもそれらをめぐる給付の問題を生じ得ますので被保全権利となり得ます。

保全の必要性は、係争物の現状の変更により債権者が権利を実行することができなくなるおそれがあるとき、又は権利を実行するのに著しい困難を生ずるおそれがあるときに認められます（民事保全法23条1項）。

「現状の変更」には、係争物に関する物理的な変更、権利主体の変更のいずれも含まれ、また、それが債務者の作為によるものか不作為によるものかを問いませんし、また、債務者によるのではなく第三者による場合も含まれますので、その守備範囲としては幅広いといえます。

裁判官との審問や審尋に際しての注意点

係争物に関する仮処分においては必要的審尋は原則行われません（占有移転禁止の仮処分で債務者に目的物の使用を許さないケース（本メソッドの体験談２参照）では、双方審尋が行われます）。

しかし、東京地裁など申立て後に裁判官との面接がある場合には裁判官に丁寧な説明を心がけ、細かいことだと思っても問題点や疑問点があればそれを投げかけて、裁判官の求めに応じた疎明資料の補充などを心がけることで、決定を下してもらうに際しての裁判官の考え・心証が垣間見れると思います。

保全執行の際にも執行官との協力体制を

また、保全執行を行うにあたっても、担当執行官との協力体制をしっかりと構築することが大切です。

執行官は執行実務を一番よく知っているといえますし、執行の前にこちらからいろいろと質問を投げかければ、細かいことに関してもアドバイスをしてもらえると思います。

本メソッドの体験談１及び２におきましては、少々特殊な事案ではありますが裁判官や執行官といかに協力関係を築きながら保全手続を行っていったかという一例を紹介させていただきます。

体験談1

急がば回れ

弁護士15年目　男性

単なる建物収去命令申立事件と思いきや

私が弁護士3年目の時に、複雑な建物収去命令申立事件がありました。事案としては、本件建物収去命令申立事件よりも10年前に調停が成立しており、その後、当該調停の申立人から土地の所有権を譲り受けたのが私の所属事務所の依頼者で、相手方債務者もその後死亡し、2人いる相続人のうち、1人は建物収去に同意をしているものの、もう1人のAさんは当該建物に居住をしているという事案で、債権者及び債務者ともに承継人という珍しい事案でした。

そこで、まず、10年前の調停調書の取り寄せから始まり、その後、承継執行文付与の申立てをし、ようやく建物収去命令の申立てを行うことができました。

調停調書の取り寄せや承継執行文付与までは事務所のボスが事務局に命じて行っており、私は、建物収去命令の申立てから関与（事件をボスから任された）することになりました。

調停が成立したにもかかわらず、執行の準備までに時間がかかっており、また、ボスの顧問先からの依頼ということもありせっ突かれていたので正直、調停成立から長時間経過していたことから嫌な気持ちはしていたのですが、兎にも角にも執行の申立てを可能な限り早くしなければという思いだけで申立てに至りました。

まさかの執行不能

そして、いざ執行官と現地調査に赴くと、Aさんが建物におり、Aさん立会いの下で執行官調査が始まりました。その建物は3階建てでしたが、1階にはAさんが代表者を務める会社Bの封筒や段ボールがあり、そのそばに事務用のデスクが置いてありました。そのデスクの上には会社B宛ての郵便物もたくさん置いてあるという状況でした。すると、執行官は、会社Bの占有も認めざるを得ないかもしれない、ということを言い出し、場合によっては、第三者が占有していることから、執行不能とせざるを得ないかもしれないということをつぶやき始めました。実は、Aさんが会社Bを営んでいることは他の相続人にも確認し、知っていたのですが、登記簿上の本店所在地は別の場所でしたので、まさかこの建物内に会社Bの占有が認められるような事態はないだろうと、ボスも私も高を括っていたことは否めない事案でした。

私は、こんなことなら事務所のボスと一緒に来ればよかった、調子に乗って「私1人で大丈夫ですよ」などと言わなければよかったと思い始めてきましたが、依頼者も同行しておりましたので、格好悪い姿を見せるとボスに対する信頼も害しかねないと思い、「そうは言っても、その会社はAさんが代表者で、Aさん以外に株主はいないということですし、実質的には個人商店に近いのですから、会社Bの独自の占有を認めるべきではないのではないでしょうか？」などと食い下がりました。

ところが、2階に上がると、今度はAさんの長女Cが同居していることが判明し、3階に上がると今度はAさんの次女Dが同居していることも判明しました。

こうなると、執行官も、「会社Bだけならまだしも、ここまで同居人がいるとなると、やはり執行不能にせざるを得ないですね」と言わざるを得なくなり、私もこれ以上は抵抗しても仕方ないと執行不能を受け入れるしかない状況になりました。

そして、執行官からは「仮処分の申立てをしていただくしかないですね」と言われてしまいました。

執行不能後の占有移転禁止の仮処分

そこで、事務所に戻りボスに報告をし、執行不能後にあらためて当事者を恒定するための占有移転禁止の仮処分の申立てをすることになりました。

具体的には、債務者として会社B、Aさんの子C、Dと特定する方法も検討したのですが、実はAさんは何社か会社を経営しているという情報があり、また、Aさんにはほかにも子どもがいたため、占有移転禁止の仮処分の債務者は、「本件仮処分命令執行の時において別紙物件目録記載の建物を占有する者」として、申立てをすることにしました。

占有移転禁止の仮処分の効力は、仮処分執行後に占有を承継した者に対しては善意悪意を問わずにその効力が及びます（民事保全法62条1項2号）。

なお、占有移転禁止の仮処分執行後に係争物を占有した者は、その執行がなされたことを知って占有したものと推定されますので（同条2項）、仮処分執行後に占有の変更があっても、本案の勝訴判決を受けた債権者は、占有の承継・非承継、非承継占有者の善意悪意を問わず、当該占有者が仮処分執行後の占有者であることを証明し、本案の債務名義に承継執行文の付与を受けることで、引渡し又は明渡しの強制執行を行うことができます。

私は、保全処分はその後に本案の申立てをするということがワンセットだと思っておりましたので、その後の本案の申立てを前提としないで、執行不能の後に当事者恒定のためだけに占有移転禁止の仮処分を行うということがあることは、当時はお恥ずかしながら知識として有しておりませんでした。

前述のように執行不能にならないように一度は執行官に食い下がったのですが、執行官から調査の際に教えてもらい、幸いにもその後の占有移転禁止の仮処分も執行不能に終わっていることが執行調書上わかっておりましたので、スムーズに決定をしてもらうことができました。

このような形で仮処分の申立てを行うことがあるということをはじめ

て知り、やはり現場実務をよく知る執行官とは協力関係を築いていくことが大切だと痛感した次第です。

体験談2

裁判所の本気を見た!!

弁護士6年目　男性

とある暴力団の組事務所の使用差止めの仮処分を行ったときのことです。当然、私単独ではなく、何十人もの弁護団の末席にいたにすぎないのですが、債権者審尋、双方審尋ともに出席し、保全執行の立会いまでさせていただきました。

事案が事案ですので、裁判所は3名の裁判官の合議体で、裁判長は部総括の裁判官でした。

債権者審尋は、申立日の翌日の朝一番に開かれました。申立書で何十頁、疎明資料を入れると分厚いファイルになってしまうくらいの記録となっていました。裁判官がその記録に目を通す時間は、事実上一晩しかなかったのではないかと思います。しかしながら、裁判官からは、弁護団が弱いかもしれないと懸念していた箇所に対して鋭い指摘がどんどん飛んできました。弁護団としても、なんとか裁判官を納得させる説明を捻り出し、債権者審尋は終了しました。

債権者審尋終了後、あるベテランの先生が、「これは決定が出るだろうね」とおっしゃいました。なぜそう思うのかを質問したところ、ここまで細かいところを突っ込んでくるということは、裁判官は決定を出すつもりで、債務者側から突っ込まれても反論できる材料を揃えておきたかったのではないかとの回答でした。

それから1週間弱後に、双方審尋期日が開かれました。当然、この期日は債務者が出頭する可能性がある（代理人のみの可能性もありますが）ので、裁判所の職員も本気モードです。エレベーターから法廷に至るまでの廊下には警備の職員がズラッと並び、法廷前では手荷物検査も実施されていました（当然、弁護団員の弁護士は検査なしですが）。それだけではなく、出廷も、保全部の書記官室から、裏口のような階段や通路を抜けて、法廷まで債務者側と接触しないような配慮もされていました。ここまで物々しい警備の中、双方審尋は開かれたのですが、始まってみると、債務者側で出廷したのは、代理人と組長の２人だけでした（もっとも、裁判所のロビー等で若い衆が待機していたかもしれませんが）。

期日においては、債権者側からは債権者審尋で意見を聞いているので、主に債務者に対して、どのような反論をし、どのように疎明するつもりなのか、そのためにどの程度の期間が必要かを確認し、あっさりと15分程度で終了しました。

期日後の退廷も、債務者側は法廷で待機するよう指示がされ、債権者側の代理人が先に退廷し、出廷する際と同じルートで保全部の書記官室に戻りました。

その後、債務者からの反論がありましたが、債権者からあえて反論するまでもないような内容であったことと、速やかに決定を出してもらいたいという依頼者の要請から、債権者側からの再反論は行わないと裁判所に伝え、速やかに使用差止めの仮処分決定が出されました。さらに担保はなしとの決定でもありました（暴力団事務所の使用差止めでは担保はなしということは珍しくないそうです）。

それから、保全執行も行われたのですが、保全執行は決定から２週間以内に行わなければならないところ、本件は債務者の抵抗も十分にあり得る事案で、警察の相当の警備が必要であり、事前に執行官、警察、債権者側との綿密な打合せが必要でした。そのため、裁判官からの示唆もあり、債権者審尋が終了後その足で執行官との打合せが急遽行われました。その甲斐もあり、実際の保全執行は、警察官が何十人も警備にあたる物々しいものとなりましたが、大きな混乱もなくスムーズに行われました。保全執行は当然密行性が要請されますので、弁護団ではマスコミに情報提供は行っていなかったのですが、唯一某テレビ局だけが現場に参上していたのは不思議でした。

本件を通じて、裁判所の本気を見た気がしました。何十人の弁護士が関わった申立書類に対して、1日も時間がない中記録を精査し、問題となり得る点を的確に指摘しつつ、保全執行まで含めて見通しを示唆するという訴訟指揮に、法に則った正義を実現するという裁判所の信念を感じた事案でした。

どうしても、申立て側としては申立てを認めてほしいばかりに盲目的に裁判所に対して自分たちの主張ばかりをしがちですが、事案によっては、われわれ弁護士が、裁判所との協力関係を構築できるように意識をして事件に取り掛かるべきであるということを勉強できた事案でした。

ワンポイントアドバイス

聞くは一時の恥、聞かぬは一生の恥

訴訟において請求の趣旨をどのように選択するのか、請求原因をどのように組み立てるのかということについては、弁護士が訴訟代理人となっている事案では、当事者間の公平の観点から裁判長はあまり積極的釈明をしないケースもあると思いますし、また、訴訟においては裁判所と協力体制を構築するということはあまりないのではないかと思います(和解の際の説得材料をたくさん提供して説得してもらうというようなケースはあるかもしれませんが)。

それに対して、保全手続においては、裁判所（担当裁判官や担当執行官など）と積極的に協力関係を築いていくように心がけた方がよいと思います。

体験談1では、純粋な占有移転禁止の仮処分というよりも債務名義獲得後に執行不能となってしまった後処理の手段として占有移転禁止の仮処分を利用するというケースで、これは現場実務をよく知る執行官としては、ままあるケースだったのではないかと思います。

それゆえ、執行不能になって困ってしまうであろう若手弁護士のために執行官からアドバイスをしてくれたのだと思います。

体験談２そのものは弁護団事件ということで、経験のある弁護士がいたと思いますが、そうではないとしても裁判官との連携を意識して、また、裁判官が発令しやすいように協力関係を構築できるような活動をすることでスムーズな決定を下してもらえるというのが、保全処分における代理人としての活動の留意点の特色ではないかと思います。

保全処分においては各種目録の書き方なども含め、裁判所における決まりごとがありますし、保全の経験豊富な弁護士といえども、保全ばかり扱っているという弁護士は少ないのではないかと思います。また、事案ごとの特殊性があるのも保全手続の特徴だと思いますので、わからないことや疑問があるのであれば、恥を忍んで裁判官や執行官に確認をするということが大切なのではないでしょうか。それが、最終的にはクライアントの権利実現につながると思います。

□ 不正登記防止申出制度

不動産登記事務取扱手続準則35条は、「不正登記防止申出」について規定しています。この制度は、登記識別情報を紛失した場合や、他人に盗み見られるなどした場合に、登記名義人の登記識別情報を入手した他人がこれを悪用し、勝手に所有権の移転の登記や抵当権の設定の登記をしてしまうことを防止するため、登記名義人本人の申出により、当該不動産に関する登記手続の申請がされた場合に、申出から3か月以内に限り、法務局から登記名義人本人に対して通知がなされる制度です。

不動産の詐欺的取引などで登記識別情報を「買主」に首肯してしまった場合などについても、管轄法務局が柔軟な運用を認めてくれた場合には、この申出を受けてくれる可能性もありますので、相手方の動きを察知することができるという意味において、仮処分の起案と並行して登記名義人本人にこの申出をしておいてもらうことは有用な場合もあります。不動産登記に関する緊急性の高い事案において利用し得る制度の1つとして覚えておくとよいでしょう。

Method

09 仮の地位を定める仮処分

▶ 審尋手続を使いこなせ！

――保全事件において仮の地位を定める仮処分は、被保全権利としてさまざまなものが考えられ、審尋手続を経て行われ、和解による終局的な解決も可能である。

仮の地位を定める仮処分の性質

仮の地位を定める仮処分とは、本案の権利関係を基礎として、暫定的な法律上の地位を定め、当事者間の法律関係を形成するものです（民事保全法23条2項）。

係争物に関する仮処分も、仮の地位を定める仮処分といずれも同じ仮処分ですが、係争物に関する仮処分が現状維持により将来の本執行の保全を図ることを目的としているのに対し、仮の地位を定める仮処分は、債権者に生じる現在の危険や不安を除去するために、本案判決確定に至るまでの間の暫定的な法律関係を定めるものです。

具体的には、係争物に関する仮処分は、占有移転禁止の仮処分などであり、他方、仮の地位を定める仮処分は、抵当権の有効性を争いつつ、競売手続の停止をするために行う抵当権実行の仮処分や、取締役の職務の執行を停止し、代行者を選任する仮処分などが挙げられます。

被保全権利

このように、仮の地位を定める仮処分は、権利関係を仮に定めることを目的としているため、被保全権利もさまざまなものが対象になります。

取締役の地位の確認や、解雇の効力を争う労働者の地位を求めるものだけではなく、取引の有効性そのものを根拠に申立てを行うことも可能です。

仮の地位を定める仮処分の効果

仮の地位を定める仮処分も、保全処分である以上、本案の提起を前提とした手続ではありますが、保全処分が発令された場合、債権者としては、本案の判決を得たのと同様の効果を得ることが可能なこともあります。

例えば、解雇の無効を争い、労働者の地位確認と賃金の仮払いを求め、認容の決定が得られれば、ひとまず賃金の支払いが認められることになり、一定の満足を得ることが可能です。

一方で、債務者としては、債権者の申立てが認められると、本案で争うことはもちろん可能ですが、大きなダメージを負うことになります。

例えば営業の差止めが認められるような場合だと、金銭的なダメージだけでなく、事業の存続そのものに大きな影響を与えることになります。

このように、当事者に大きな影響を与える可能性が大きな場合、審尋手続を行い、裁判所を間に挟んだ話合いが可能なこともあり、当事者に和解の機運が高まることもしばしばあります。

ただし、保全手続である以上、「著しい損害」の可能性や「急迫の危険」といった保全の必要性が申立ての要件となります。

体験談 1

営業禁止の仮処分

弁護士 13 年目　女性

営業の差止め

フランチャイズビジネスを展開する顧客から、加入していたフランチャイジーが、ロイヤリティの支払い等を拒み、一方的にフランチャイズ契約の解約を通知し、そのうえで営業を続けているという相談を受けました。

フランチャイザーとしては、当然このような勝手を許すわけにはいきませんので、契約が継続していることを前提に、フランチャイズ料の支払いを求めることになりますが、あわせてノウハウの流出を避ける必要があります。

実際に、上記のような状態を避けるため、フランチャイズ契約においては競業避止義務を課しておくのが通常であり、本件においても契約期間中及び契約終了後一定期間の競業避止義務の合意がありました。

相手方が営業を継続すればその間ノウハウの流出は続いてしまうことから、まず営業を止めてもらうことが必要であり、競業避止義務違反を理由に、営業差止めの権利を被保全債権として、営業禁止を求めて保全手続を始めることにしました。

審尋期日での話合い

仮の地位を定める仮処分であり、審尋期日が開催されることになりました。

審尋期日では相手方からも反論書面が出され、審尋期日での協議がされますが、手続としても、本案での判決を目指して保全手続を行うというよりも、保全手続内での和解等での解決を求めて行うことも多いかと思います。

また、保全命令が得られれば本件でいえば営業ができなくなりますし、他の仮の地位を定める仮処分においても、本案判決と同様の効果を得ることができます。

本件においても、数度の審尋期日を経ましたが、最終的には和解で終了することができました。

東京地裁民事第９部での手続

東京地裁では、保全申立を行った後に裁判官面接を行い、本件のような手続であれば裁判官を交えて審尋期日の進行を行っています。

事件によっては、保全部の裁判官が若いこともままあります。

本件では、審尋期日１回目において、当事者双方に対して、結論はほぼ決まっているとの発言が裁判官からあり、そのような事情から和解を成立させた、という経緯があったのですが、審尋期日が進む中で、当事者の主張は大きく変わったこともなかったところ、裁判官から結論が180度変わるかもしれない、といった発言があり、当事者としては、それであれば命令を出してもらってもよかった、と思いました。

体験談 2

妨害禁止の仮処分

弁護士８年目　女性

契約解除の通知を受けた際の対応

依頼者は、他社から知的財産のライセンスを受け、その知的財産を利用し、ビジネスを行っていました。

しかしながら、他社の持つ知的財産の利用へ転換することを検討していたところ、既存の契約当事者から、ライセンス契約の終了を告げられてしまいました。

もともとのライセンス契約の期間はまだ一定期間が残っていましたが、契約条項上、一定期間の通知をもって契約の終了ができる旨の規定がされていたため、かかる条項を利用して契約終了の通知をされてしまったのです。

契約が解除されてしまうと、依頼者はその知的財産が利用できなくなるだけでなく、そのことにより取引先にも損害を与えることが予想されました。

また、訴訟を提起していたのでは、判決までに解除予告期間を経過してしまうことは明らかだったため、早期に解決を図ることが必要でした。

妨害禁止の仮処分

そこで、妨害禁止の仮処分の申立てを行い、「当該知的財産の使用を妨害してはならない」という内容の仮の地位を定める仮処分の申立てを行い、契約期間満了までは、知的財産権の利用ができるような裁判を求めました。

債務者側が主張していた契約終了までの期間がかなり短期であり、申立て時からも時間的余裕があまりなかったことから速やかに審尋期日が設けられ、初回の審尋において大まかな方向性が出されました。

また、債権者及び債権者の取引先等に与える影響が大きいことから、保全部の決定を出すにあたり、判断を先に出すのか、少し契約の終了を先に延ばすのか、ということになり、債務者が主張する契約の終了を数か月延ばし、そのうえで審尋手続を進めることとなりました。

期日の進行

数回の審尋期日が設けられましたが、この件では主張書面のやり取りよりも、和解内容及び和解条項の調整に期日を費やしました。

和解は最終的に無事まとまり、和解の中で契約終了までの一定の準備期間を定め、その間の知的財産権の利用についても合意ができました。

仮に保全手続の中で和解が成立せず、本案を提起するようなことになれば、長期間かつ損害を拡大させながら訴訟を継続させることになり、最終的に当事者双方が納得できる解決は難しかったと思います。

そのような意味でも保全手続において和解により終結できたことは当事者双方にとってメリットがあったと思いますし、そのような解決ができることは、保全手続における仮の地位を定める仮処分の機能の１つと思います。

ワンポイントアドバイス

仮の地位を定める仮処分の和解的機能を活用する！

仮の地位を定める仮処分では、本案訴訟に移行する以前に、和解により終局的な解決を図ることが可能です。

それは、保全決定が出た場合の影響の大きさや、審尋手続を経ることが必要であることによるものですが、本案のように長期間の手続を経ず、終局的な解決を得ることができるのは大きなメリットです。

保全手続であり、保全の必要性を満たすことはもちろん必要ですが、紛争解決手段の１つとして、積極的に利用を検討すべきです。

Method 10 特別部関連の保全

▸ 特殊な保全事件にも果敢に挑め！

――保全の活用範囲は幅広い。民事保全法に定めのある仮差押えや仮処分に限っても、一般の民事事件ばかりでなく、商事、知財、労働、人事等の各分野で活用できる局面がある。また、民事保全法以外の特別法に基づく保全のメニューも用意されている。これらを駆使することが依頼者の権利実現への近道となる。

通常の民事保全

民事保全法において、仮差押え、係争物に関する仮処分及び仮の地位を定める仮処分の３種類が定められています。東京地裁における事務分配では、民事第９部（保全部）が受付から審理まで担当することになります。

特別な民事保全

一般の民事事件以外でも、商事、知財、労働、人事等の各分野の事件を本案として、民事保全法に基づく保全が行われています。これらも民事保全法に定められた仮差押え、仮処分のメニューを用いる以上、基本的に通常の民事保全と変わるところはありません。

ただし、裁判所の事務分配によって特別部の担当となることがあり、例えば東京地裁では、商事は民事第8部（商事部）、知財は民事第29、40、46、47の各部（知財部）、労働は民事第11、19、33、36の各部（労働部）が担当するため、これらの特別部が担当する事件の保全事件は、各特別部が担当します。また、人事事件については家庭裁判所の専属管轄となります（人事訴訟法30条1項）。

特殊保全

さらに、民事保全法以外の特別法に基づく保全もあり、これらは特殊保全と呼ばれています。

例えば民事執行法55条に基づく売却のための保全処分、破産法28条に基づく債務者の財産に関する保全処分、会社更生法40条に基づく更生手続開始前の役員等の財産に対する保全処分、家事事件手続法105条に基づく審判前の保全処分などが挙げられます。

また、行政事件訴訟法25条2項に基づく行政処分の執行停止、同法37条の5に基づく仮の義務付け及び仮の差止めも、特殊保全の一種といえるかもしれません。

これらの特殊保全についても、裁判所の事務分配によって特別部の担当となることがあり、例えば東京地裁では民事執行法関係は民事第21部（民事執行センター）、破産法関係は民事第20部（倒産部）、会社更生法関係は民事第8部（商事部）、行政関係は民事第2、3、38、51の各部（行政部）が担当します。また、家事事件手続法関係については家庭裁判所の専属管轄となります。

体験談1

取締役の地位にあることを仮に定める仮処分

弁護士3年目　男性

地面師との攻防の中で……

とある地面師事件でのひとこまです。アパホテル事件（被害額：約12億6,000万円）や積水ハウス事件（被害額：約63億円）で「地面師」という存在が世に知られるより少し前、ブームの走りのような事件でした。

地面師とは、一言でいえば、「不動産（≒地面）の乗っ取りを専門とする詐欺師」です。代表的な手口としては、例えば、①収益力が高いにもかかわらず管理が行き届いていない不動産物件をターゲットにし、②本人確認書類や実印を偽造するなどして所有者になりすまし、③なりすました偽所有者が当該不動産を売却して代金は仲間で山分けし、④対象不動産の買主はさらに転売を繰り返すなどして真の所有者による権利回復を困難にする、といったものです。

私が担当した事件の依頼者は、東京都心に多数の不動産を所有する資産家でしたが、長年の病気のため資産管理が行き届いていない状態でした。地面師たちは、どこから情報を入手したのか、それにつけこみ、依頼者の替え玉を用意するなどして、ほとんど全ての不動産と資産管理会社が丸ごと乗っ取られてしまいました（Method 02 体験談4と同一事例）。

奪われた資産管理会社

依頼者の資産を管理する会社（以下「Y社」といいます）は、資産家X一族のいわゆるファミリーカンパニーで、X一族の全ての不動産を管理するとともに、Y社名義でも不動産を所有しており、重要な役割を担っていました。依頼者X1本人が代表取締役で60%の株式を保有、その母親X2が取締役で40%の株式を保有していました。

地面師らによるY社の乗っ取りの手口は、以下のような概要でした（日付は仮のものです）。

①10月1日、地面師Zが株主総会議事録を偽造するなどして、Y社代表取締役に就任の登記（この時点ではX1も代表取締役）。

②10月12日、ZがY社代表取締役として株主総会を開催。大量増資を行って特別多数を掌握し、X1及びX2は少数株主に。同月23日登記。

③10月16日、ZがY社代表取締役として株主総会を開催。X1及びX2を取締役から解任。同月23日登記。

地面師たちの巧妙なテクニック

余談ですが、上記①～③のプロセスを一気に行わなかったのは、旧役員全員が解任され新代表者が就任する変更登記を新代表者が申請した場合、法務局の実務上、乗っ取りの可能性を考慮して旧代表者に対する意思確認が行われることになり、乗っ取りに支障を来すおそれがあったからだと思われます。

さらに、これにより、依頼者側の状況把握も五月雨式となり、結果的に無駄な動きを強いられるという、副次的効果もありました。

具体的な動きとしては、私は依頼を受け、10月20日に①を把握した後直ちに、翌21日、東京地裁民事第8部（商事部）に対し、Y社を債権者（代表者X1）として、債務者Zが取締役の地位にないことを仮に定める仮処分を申し立てました。また、同月23日、念のためX1がY社代表取締役として株主総会を開催し、(主位的にはZの代表取締役選任自体が不存在であるとしつつ）予備的にZを解任して、その登記申請を行うという措置をとりました。

しかし、すでにこの時点で②、③によりX1は形式上Y社代表取締役の地位を喪失しており、そのことが同月28日に判明したため、これらの措置は空振りに終わりました。

自分の会社が相手方に……

やむなく仕切り直しで、11月12日、東京地裁民事第8部（商事部）に新たな仮処分を申し立てました。残念ながら形式上Y社は敵の手中に落ちてしまっているので、債権者は個人としてのX1、債務者はYとせざるを得ません。自分の会社を相手方とすることに、依頼者X1は最後まで納得がいかない様子でした。なお、このとき、われわれ代理人弁護士にも形式的には利益相反の問題が生じることから、この仮処分事件については別の弁護士に代理人をお願いしました。

主位的申立は、X1及びX2が取締役の地位にあることを仮に定める仮処分、並びにZが取締役の地位にないことを仮に定める仮処分でした。念のため予備的に、Zの職務執行を禁止する仮処分並びにX1を職務代行者に選任する仮処分を申し立てました。

結果的には、Z側で行った株主総会に争いようのない重大な手続瑕疵があったため、実体面を審理するまでもなく、12月11日、無担保で主位的申立が認容されました。この仮処分決定は強力で、その内容を直ちに登記することもでき、本案訴訟をまつまでもなく事実上Y社を取り戻すことができました。

なお、その後の本案訴訟（株主総会決議不存在確認請求）でも、形式上、やはり原告はX1、被告はY社とせざるを得ませんでした。Y社には特別代理人を選任し、同特別代理人から訴訟告知を受けたZが補助参加をして、実質的な被告として争うという構図となりました。もちろん本案訴訟でも問題なく全面勝訴しています。

反省点

この一連の地面師事件については、地面師との間で変な譲歩や取引をすることは一切ないまま、最終的にＹ社だけでなく全ての被害不動産を取り戻すことに成功しました。もっとも、そこに至るまでには相当のマンパワーと軍資金が必要となったのも事実です。

地面師の巧妙なテクニックに振り回され、無駄な動きを強いられたことは前述のとおりであり、事件全体ではＹ社関連以外にもそういうことは多々ありました。しかしながら、水面下で文字どおり暗躍する地面師たちの動きを正確に把握することは至難の業で、ある程度は愚直な「もぐら叩き」に付き合わざるを得ません。幸いにして、それに耐え得るだけの弁護体制を構築することができたのが、勝利の鍵でした。

体験談 2

先生、会社の経営権を取り戻してください！

弁護士６年目　女性

突然の相談

ある日、Ｃ社の元社長Ａから、Ｃ社の経営権を取り戻したいという相談がありました。何でも、会社の若返りを図って事業承継をするべく、Ａ及び他の株主が保有するＣ社の株式全部を後継者候補のＢに譲渡し、社長の役職もBに譲ったが、株式取得後、BがAとの約束を反故にし、C社の資産の売却を進めるなど好き放題やっているので、経営権を取り戻したいというのです。Bはスポンサー候補であった第三者（Aの話だと反社会的勢力ではないかとのことです）から紹介を受けた人物であり、Aとは初対面でした。

C社は、鉄製型枠のリース事業を営んでいる会社であり、数千個の型枠を所有しています。この型枠はC社にとって不可欠なものであり、型枠がなければ事業自体成り立ちません。

ところが、Bは社長就任後、型枠を金属スクラップとして金属加工会社に売却し始め、弊所が相談を受けた時点では、半数以上もの型枠がすでに売却されていました。

経営権を取り戻すための法律構成

Aからの相談を受けたものの、正直どのような法律構成でC社の経営権を取り戻し、Bを会社から追い出したらよいのか全く見当もつかず、途方に暮れていました。

しかし、よくよく調べてみると、BはC社の株主の地位を取得後、取締役及び代表取締役に就任していましたが、取締役選任の株主総会及び代表取締役選定の取締役会が開催されていない事実が判明しました（いずれも議事録自体は作成されていますが、株主への招集通知等の手続は一切とられていませんでした）。また、AとBとの間で締結された株式譲渡契約に関して、同契約で定めた一部条項がBにより履行されていない事実も明らかになりました。

そこで、Aは、BがC社の株主総会及び取締役会で適法に選任された取締役・代表取締役ではないため（株主総会決議の不存在及び取消事由がある）、その地位を有していないという論理で会社から追い出し、加えて、株式譲渡契約の債務不履行解除により、C社の株式は旧株主に復帰し、Bは株主ではないという理論構成をもとに戦うことにしました。

仮処分の申立て

Aを債権者とし、B及びC社を債務者として、取締役・代表取締役の職務執行停止及び職務代行者の選任を求める旨の仮処分の申立てを行いました。

取締役・代表取締役の職務執行停止請求においては、保全の必要性として、会社に著しい経済的損害が生ずるおそれがあることを疎明する必要があります。本件では、Bによる型枠の処分によって、C社が行う事業に必要不可欠な財産が喪失することとなり、C社が破産の危機に陥るなど事後的に回復不可能な損害を生じるおそれが高いことを主張し、争いました。

裁判所の判断

一般的に、取締役の職務執行停止の仮処分などの商事仮処分申立の認容率は低いといわれています。

本件でも、裁判所からは同じような話をされました。その理由は、外見上は債務者が取締役・代表取締役として就任して、一応会社が運営されている体裁であるため、会社の運営を外部の者の請求によって停止させるには、よっぽどの理由が必要という考えのようです。

通常、経営権の有無が法的に争われているケースでは、債権者及び債務者の双方にそれなりの言い分があり、保全手続では白黒の判断がつかないということも多いでしょう。

本件でも、裁判官は、保全の必要性が疎明されたとまではいえないものとして、Aに対して、仮処分を取り下げるよう求めてきました。また、Bに株式譲渡を行った当時の代表取締役はA自身であり、A自身が株式総会を招集して適法な株主総会決議を行っていなかったことも重視されました。

最終的に、私はAと相談のうえ、仮処分での勝敗の見込みが低いことから、仮処分を取り下げ、株主総会決議不存在確認訴訟を提起することにしました。

なお、仮処分を申し立てた理由の１つに、Ｂとの間で和解によって解決できるのではという期待も若干ありましたが、Ｂは和解に応じてくれませんでした。

振り返ってみると

やはり、取締役の職務執行停止の仮処分のハードルの高さを感じました。最終的に、後に提起した株主総会決議不存在確認訴訟においても、株主総会決議の瑕疵の程度は小さいという理由で、Ａの請求は認められませんでした。

経営権の譲渡、事業承継が絡む事案では、後から効力を争うのは至難の業なので、契約前に確実に契約条項の履行を担保できる仕組みをとっておくことが望ましいことを痛感しました。

体験談３

行政訴訟の仮の救済（仮の義務付け）

弁護士８年目　女性

２号義務付け訴訟の仮の義務付け

以前受任した会社の社長から、「許認可関係で困っている知り合いの会社があるのですが、相談に乗ってもらえませんか」という電話が入りました。さっそく紹介を受けて事務所に来てもらったところ、大要、

「都の担当者が変わり、前と見解が変わった」「このままだと許可申請をしても不許可になるかもしれないと区の担当者から言われている」「周辺では許可が下りている会社もあるのですがなんとかなりませんか」という相談をされました。

私は司法試験の受験科目で行政法を選択していましたが、不許可になったら不許可処分の取消訴訟と義務付け訴訟を提起する必要があって訴訟要件は……と、遠い記憶を遡りながら回答していたと思います。まずは許可要件を確認して都の担当者と折衝するなどしましたが、結局、許可申請後に不許可処分が下ってしまいました。

依頼者は許可が下りる可能性がそれなりにあったと思っていたらしく、「先生、そうしたら行政訴訟をやってください。ただ、すでに開発工事を依頼してしまっていますし、工事が遅れれば遅れるほど当社の逸失利益も膨らみます。銀行の借入れもありますし、運転資金がショートしかねません。なんとかなりませんか」と落胆した面持ちで伝えてきました。私も調べていくうちに、本件では本案勝訴可能性があると考えていましたので訴訟提起自体は賛成でしたが、仮の義務付けの要件である、「償うことのできない損害を避けるため緊急の必要」（行政事件訴訟法 37 条の 5 第 1 項）が認められるかについては自信がありませんでした。

なぜなら、償うことのできない損害を避けるため緊急の必要があるときとは、裁判例上、「義務付けの訴えに係る処分がされないことによって生じる損害が、原状回復ないし事後的な金銭賠償による填補が不可能であるか、又は社会通念上相当困難であるとみられる程度に達していて、そのような損害の発生が切迫しており、これを避けなければならない緊急の必要性があるとき」（東京地決平成 18 年 1 月 25 日判時 1931 号 10 頁〔28111613〕、名古屋地決平成 22 年 11 月 8 日判タ 1358 号 94 頁〔28170353〕等）とされていますので、運転資金がショートする可能性では足りず、倒産の蓋然性が高いという程度まで疎明を要するのではないかと考えたからです。

依頼者にもその旨説明したうえ、通帳の写しや決算書、発注書などを用意してもらい、倒産の蓋然性に関する疎明資料をできる限り集めて仮の義務付けの申立てを行うことになりました。

仮の救済ってこんなにのんびりなの？

事務所のアソシエイトとも意見を交換しつつ、本案の訴状とともに仮の義務付け申立書を提出しました。仮の義務付けに関する第1回期日は比較的早めに入ったものの、期日では一般的にイメージする保全事件とは異なり、相手方に対して申立書や主張書面に対して反論させていく形で進んでいき、むしろ進行は通常の訴訟と変わりありませんでした。

もちろん、仮の義務付けには「本案について理由があるとみえるとき」（行政事件訴訟法37条の5第1項）という要件がありますので、本案についても反論の機会を与える必要があるとは思いますが、こんなにのんびり手続を行っていたら、学習や入園の機会等の金銭賠償では一切てん補されない被保全権利の事案だったらどうなるのだろうという感想を抱かずにはいられませんでした。

先生……大きな仕事受注しちゃいました……。

何回目かの期日報告をした後、依頼者から、「先生、この件がどうなるかわからないので営業に頑張ってもらっていたのですが、かなり大きな仕事を受注することができました。それはいいことなんですが、あのー、着工時にもかなりの金額が入るので運転資金がショートするとは言えなくなってしまったのですが……」と言われました。あまり褒められた話ではないかもしれませんが、私は矛盾しない限りで補充立証に努めたことはいうまでもありません。

ご想像どおり、最終的に仮の義務付けの申立ては却下で終わることとなりましたが、本件は申立てから却下決定まで約10か月もの期間を要しました。もちろん、早々に認容されるべき事案であれば異なるのかもしれませんが、仮の義務付けにつき、償うことのできない損害として主張する損害が金銭的なものである場合は、手続中に当該損害が現実に発生し得る可能性を念頭に置いて手続をどう有利に進めるかを検討しなければならないことを痛感した次第です。

体験談 4

許認可の取消処分の執行停止が認められるまでの短期集中勝負

弁護士７年目　男性

取消処分の効力発生まで猶予期間は１か月

2019年某月下旬、障害者の日常生活及び社会生活を総合的に支援するための法律29条1項に規定する指定障害福祉サービス事業者の指定を受けて、指定障害福祉サービス事業を行う会社から、県から上記指定の取消処分の通知を受けた、翌月末日には取消しの効力が発生することとされている、納得できないとの相談を受けました。

話をよく聞いたところ、県の考え方は法令の解釈として間違っている、また、指定の取消しを行うことは行き過ぎ（比例原則違反）であると判断できたことから、事件として受任することにしました。

訴訟提起と同時に執行停止の申立て

行政処分を争う行政事件について、行政事件訴訟法は、仮の救済手段として、①執行停止、②仮の義務付けの申立て、③仮の差止めの申立ての3つの方法を用意しています。本件は、指定障害福祉サービス事業者の指定の取消処分を争うものであり、その効力を失わせればよいのですから、執行停止の申立てを行うことになります。

行政事件の特筆すべき点として、行政事件において仮の救済手段を用いるには、遅くとも仮の救済手段の申立てと同時に、それに対応する本案の訴訟提起をしなければなりません（本案の訴訟係属が、仮の救済手段の申立て要件となっています。例えば、執行停止においては、行政事件訴訟法25条2項の「処分の取消しの訴えの提起があつた場合において」との文言参照）。

行政事件において仮の救済手段の申立てを行うにあたっては、何よりも「迫力」が必要になってきます。執行停止については、申立て要件の1つとして、「重大な損害を避けるため緊急の必要がある」（同条同項）との定めがあります。訴訟の提起・執行停止の申立てまで時間をかけていては、事実上の問題として、そのこと自体をもって裁判所が「重大な損害を避けるため緊急の必要があるとき」といえるか否か疑問を差し挟むことにもなりかねません。

依頼を受けてから翌日とまではいきませんでしたが、週末を挟んだ数日後、裁判所に訴状と執行停止の申立書を持参しました。

本訴と判断をする裁判体が同じ

もう1つ行政事件の特筆すべき点として、本案について判断をする裁判体が、仮の救済手段について判断をする裁判体と同じであるということがあります（行政事件訴訟法28条）。

もちろん、仮の救済手段と本案の中身は異なるのであって、両者の関係は論理的必然というわけではありません。執行停止が認められるにあたっての大きなハードルである「重大な損害を避けるため緊急の必要があるとき」との要件は、本案の違法性の中身とは本来は別の話ではあります。他方で、本案が違法である可能性が高いといえるのであれば、裁判所は、上記要件についてある程度柔軟に判断してくれるところでもあります。このような文脈において、執行停止が認められなければ、事実上、本案でも敗訴する可能性が高まると言わざるを得ないところですので、気合を入れて事件に臨みました。

行政事件においては、仮の救済手段の申立てを行うか否か、行うとしたらどのタイミングで行うかということについて、慎重に戦略を練る必要があるといえます。

無事に執行停止が認められる

執行停止の申立て直後から、裁判所の適切な訴訟指揮の下、タイトなスケジュールの中で、県側の反論や申立人側の再反論等が行われました。この間、当該施設を利用する障害者やスタッフからの数十通の陳述書を用意するなど、大忙しでした。

一連の審理を経て、裁判所は、指定の取消処分の効力が発生する直前に、執行停止を認めてくれました。執行停止期間は、第一審の判決の言渡し後40日が経過する時までとされました。

ちなみに、行政事件においては、その性質上、担保金の要求がなされることはありません。

皆様におかれましても、行政事件に臆することなく積極的に取り組んでみてください。

ワンポイントアドバイス

知識の仕入先

本メソッドでは、民事保全法に基づくものの非典型的な保全と、民事保全法以外の特別法に基づく特殊保全について紹介しました。共通していえるのは、そもそもメニューとして知っていないと、保全を要するような緊急の局面において活用することは難しいということだと思います。

さほど利用されないマイナーな保全類型についても、日頃からしっかり網羅的に勉強しておくのが理想ではありますが、現実的には、多忙な日常の中でなかなかそうもいきません。文献であれ人脈であれ、いざというときにヒントだけでも仕入れられるようなチャンネルを持っておくことが、1つの鍵かもしれません。

Method
11

その他：会社法、商標等

会社法・知財関連の保全事件にも挑め！

――保全事件において被保全債権となるのは、金銭債権に限られない。会社法、商標法、不正競争防止法に基づく仮処分も存在する。

会社法違反のケース

会社法８条１項では、「何人も不正の目的をもって、他の会社であると誤認されるおそれのある名称又は商号を使用してはならない」と定めています。そして、不正の目的をもって、他の会社であると誤認されるおそれのある名称又は商号の使用によって、営業上の利益を侵害され、又は侵害されるおそれのある会社は、その侵害の停止又は予防を請求することができ、商号使用差止請求権が認められています（同条２項)。

保全事件においては、同請求権を被保全債権として、仮処分命令の申立てを行うことになります。具体的に申立ての趣旨においては、名称又は商号の使用禁止、商号の変更・抹消登記手続などを請求することが考えられます。

商号差止請求権の要件は、①不正の目的、②他の会社であると誤認される名称又は商号の使用、③営業上の利益を侵害され、又は侵害されるおそれがあることが必要になります。
②については、商号のみならず、名称の使用でもよいとされていますので、差止請求権の対象は広くなっています。

商標法違反のケース

商標権者は、商標権侵害の停止又は将来の侵害の予防を請求できるものとされ、侵害停止及び予防請求権が認められています（商標法36条1項）。差止請求の対象となる行為は、登録商標又は類似商標の指定商品・役務又は類似商品・役務における使用（同法25条、37条1号）に加え、一定の予備的な行為（同法37条2号～8号）も含まれています。
商標権者は、侵害者に対して、商標権侵害行為の差止めのみならず、侵害行為を組成している物の廃棄、侵害行為に供した設備の除却、その他侵害行為の予防に必要な行為を請求することができます（同法36条2項）。具体的にどのような行為を請求するかは、事案によって異なることになり、保全事件における申立ての趣旨において、具体的に請求したい行為を特定して記載する必要があります。例えば、登録商標又は類似商標が記載された商品の廃棄、看板の撤去、インターネット上のウェブサイトの閉鎖などを請求することが考えられます。

不正競争防止法違反のケース

不正競争防止法は、不法行為法（民法709条等）の特別法であり、知的財産法の一部であると位置付けられています。不正競争防止法は、不正競争防止法違反の場合、①不正競争の防止、②不正競争にかかる損害賠償に関する措置等を講じられることを定めています（同法1条）。
不正競争防止法は、不正競争の防止のために差止請求権（同法3条）を定めています。不正競争によって営業上の利益を侵害され、又は侵害されるおそれがある者は、その侵害の停止又は予防を請求することができます（同法3条1項）。

具体的には、不正競争によって営業上の利益を侵害され、又は侵害されるおそれがある者は、差止請求をするに際し、侵害の行為を組成した物（他人の商品等表示の付された看板、営業秘密が記録された物件媒体等）の廃棄、侵害の行為に供した設備（他人の商品形態を模倣するための製造機械や営業秘密を使用するための装置等）の除却その他の侵害の停止又は予防に必要な行為（営業秘密を内容とする電子データの消去等）請求することができます（同法3条2項）。

不正競争防止法には、独自の時効が定められていることに注意が必要です。不正競争のうち、営業秘密を使用する行為に対する侵害の停止又は予防を請求する権利は、その行為を行う者がその行為を継続する場合において、その行為により営業上の利益を侵害され、又は侵害されるおそれがある営業秘密保有者がその事実及びその行為を行う者を知った時から3年間行わないときは時効により消滅します。また、侵害行為の開始の時から20年を経過したときも時効により消滅します（同法15条）。

また、同法19条1項には、不正競争防止法が適用除外になる場合が列挙されています。例えば、日本国内において最初に販売された日から起算して3年を経過した形態模倣商品については、不正競争行為になりません。

不正競争防止法違反に基づく差止請求を行うためには、時効や適用除外規定への該当性にも注意を払い、申し立てる必要があります。

体験談１

社名の類似したライバル会社の営業を差し止めたい

弁護士６年目　男性

自社のひらがな表記のライバル会社

A社は、創業約100年の老舗企業です。数年前に一事業を分社化して新会社B社（A社の100％子会社）を設立しましたが、業績が振るわなかったため、B社の事業を閉鎖する方向で検討していました。

A社は、従業員の雇用維持などの観点からB社をできるだけ存続するべくM&Aの可能性を模索し、C社との間でM&Aの交渉を行っていました。

しかし最終的に、C社とは条件の折り合いがつかず交渉は破談となってしまいました。交渉の過程で、秘密保持契約を締結したうえで、A社はC社に対して、B社の決算書などの機密情報の開示を行っていました。

A社との交渉が破談になった数日後、C社は、新たにD社を設立し、D社において、A社及びB社と同様の事業を営み、A社及びB社の取引先と新規取引を行っていたことが発覚しました。B社の決算書には取引先が載っていました。そして、驚くべきことに、D社の社名は、ほぼA社の社名の漢字表記の文字をひらがな表記にしたものだったのです。

A社は、C社及びD社に対して、会社法、商標法、不正競争防止法に基づき、営業差止め及び商号変更を求める旨の内容証明郵便を送付して警告しましたが、C社及びD社はA社の要求を受け入れませんでした。それどころか、D社の社名を、今度はひらがな表記からローマ字表記に商号変更を行ったのです。

そこで、A社はD社に対して、営業差止め及び商号変更を求めて仮処分を申し立てました。

裁判の争点

裁判では、A社の社名とD社の社名が類似しているか（会社法8条、商標法36条）、D社の行為が不正競争行為（不正競争防止法2条1項1号）に該当するか否かが主な争点となりました。

A社は、A社とD社の社名は外観が単にひらがな表記かローマ字表記かの違いにすぎないこと、呼称はいずれも同一であること、観念も同じであることを主張し、両社名が取引先の誤認混同を招くものであり、類似していると主張しました。

他方、D社は、ひらがな表記とローマ字表記の違いは大きく、取引先の誤認混同を招くことはないなどと反論して、A社の主張と真っ向から争いました。

裁判所からの和解提案

裁判所からは、仮にA社の主張を認容してD社の営業を差し止めることは、D社にとって重大な結果となること、A社にとっても、D社による商号の利用許諾の対価を得る経済的なメリットなどがあることを理由として、D社からA社に対する金銭的な支払いによる解決を前提とした和解の提案がなされました。

もっとも、A社の意向は、創業100年の老舗企業であり、社名には相応の歴史があり、無断利用した会社に対しては絶対に利用許諾を与えないという確固たるものであったため、和解する意向はありませんでした。

ちなみに、本書の執筆時点において、現在も審理は継続中であり、裁判所の決定はまだ出ていません。

体験談 2

製品の販売差止めの仮処分を回避したい

弁護士 12 年目　男性

製品の販売の差止めを求める通知が届く

顧問先の家電会社（A 社）の営業担当者から、突然電話が入りました。

「先生、大変です。競業他社の B 社から、わが社の製品（コーヒーメーカー）が形態模倣品であるという理由で、製品の販売の差止めを求める内容証明郵便が届いたのですが……。どうしたらよいでしょうか」。

営業担当者から送っていただいた内容証明郵便を確認すると、そこには次のように記されていました。

【A 社の販売している製品（コーヒーメーカー）は、不正競争防止法に禁止された「他人の製品の形態の模倣」にあたります（同法 2 条 1 項 3 号）。A 社の製品は B 社の製品に依拠して製造された模倣品です。なぜなら、A 社の製品と B 社の製品は全体の構造、デザイン、配色が似ています。そして、B 社の製品は A 社の製品よりも 1 年早く発売されています。以上の理由から、A 社の製品は B 社の製品の模倣品であるといえますので、○日以内に製品の販売を止めなければ、販売の差止めを求める仮処分を申し立てます。】

A 社の営業担当者から事情を伺ったところ、A 社と B 社のコーヒーメーカーは、同じ会社が製造した OEM 品であるとわかりました。A 社の製品は後発製品であるため性能がよく、かつ値段も安い。そのため、B 社は A 社に販売の差止めを求めてきたのではないかというのです。

不正競争防止法は、ある行為が不正競争行為に該当した場合において、一定の要件を具備したときは、差止めや損害賠償請求、さらには刑事罰も生じるという法律です。つまり、不正競争防止法違反に基づく販売の差止めの仮処分を申し立てること自体は可能です。実際に製品の販売の差止めの仮処分を認めた事案はいくつも存在します（東京地決平成11年9月20日判タ1018号144頁〔28050385〕不正競争仮処分事件ほか）。

「先生、コーヒーメーカーの構造なんて、各社製品とも大差ありませんし、色もデザインもそう大差ないと思います。それでも、訴訟になってしまうのでしょうか……。裁判になれば弊社のイメージも悪化しますし、折れるしかありませんか」

「いや、諦めるには早いです。先方に裁判になったら負けると思わせるよう反論を準備します。先方の主張の検討も重要ですが、現物の製品を比較することが重要ですね。それと、B社のコーヒーメーカーの過去のプレスリリースを集めてください」

「過去のカタログを集める意味なんてあるんですか？」

「ええ、この手の製品の場合、きっと役に立ちますよ」

不正競争防止法には適用除外条項がある

事務所にA社とB社のコーヒーメーカーとともに過去のプレスリリースが届きました。まずは過去の裁判例の視点を参考に、A社とB社の製品をさまざまな角度から比較します。すると、同一ではありませんが似ているようにもみえます。

「先生、これからどこが似てる・似ていないという議論をするのですか」

「それも否定しませんが、水掛け論になるでしょうね。もっと一刀両断にできる主張を検討します。ほら、このプレスリリースですよ」

過去のプレスリリースから、A社の製品より1年早く発売したというB社の製品は、5年も前に発売したB社の製品のマイナーチェンジ品だとわかりました。そこで、先方には次のように通知しました。
【貴社製品はマイナーチェンジ品であり、デザインは5年前から変わっていません。貴社のプレスリリースによれば、当該製品は日本国内において5年前に販売されているため、不正競争防止法の適用除外条項である19条1項5号イ（日本国内において最初に販売された日から起算して3年を経過した商品について、その商品の形態を模倣した商品を譲渡し、貸し渡し、譲渡若しくは貸渡しのために展示し、輸出し、又は輸入する行為）が適用されます。】

この通知に対して、B社の代理人弁護士は、製品の機能が向上しているのでマイナーチェンジ品ではない、と反論しました。私はこれに対し、次のように再反論しました。
【裁判例においても、「『最初に販売された日』の起算点となる他人の『商品』とは、保護を求める商品形態を具備した最初の商品を意味するのであって、このような商品形態を具備しつつ、若干の変更を加えた後続商品を意味するものではない」（大阪地判平成23年7月14日判時2148号124頁〔28173803〕）とされており、専ら商品の形態に着目しています。機能に視点を置く先生のご主張は、先生独自のご見解です。】

そうしたところ、B社からの通知は止み、その後も販売差止めの仮処分を申し立てられることはありませんでした。

ワンポイントアドバイス

審尋期日を意識した申立てを行うべし

仮処分は、本案（民事裁判）の結果（判決や和解）に至るまでの間に、一時的に申立人の権利を保全するために行われるものです。

しかし、例えば商品の販売差止めの仮処分が認められた場合、相手方は現実に商品を販売することができなくなります。つまり、一時的であれ本案の認容判決に近い結果を得ることができます。このような重大な効果が生じることから、特許権侵害差止めの仮処分などでは、相手方に反論の機会を与える審尋期日が設定されます。申立人としては、審尋期日で相手方の反論に耐えられるような仮処分を申し立てなければ話になりません。さらに、本案で負けた場合は仮処分によって相手方に与えた損害を賠償することになりますので、安易に仮処分を申し立ててはなりません。代理人としては依頼者にリスクを説明し、慎重を期すべきです。

仮処分前の交渉の重要性

仮処分は申立人にとってもリスクがあるので、申立人が相手方に申立て前の交渉を打診することは珍しくありません。相手方としては、ここで申立人に本案で負けるリスクを意識させることができれば、仮処分の可能性を大きく減殺できるでしょう。

Method
12 審判前の保全処分

子どもの引渡しは覚悟してかかれ

――別居をして相手方が子どもの監護をしているが、やはり子どもは自分が育てたいというような相談はよくあるケースだろう。このような場合に利用するのが、監護者指定と子どもの引渡しの審判前の保全処分の申立てである。ここでは子どもの引渡しの審判前の保全処分が認められた事例（体験談2）と認められなかった事例を（体験談1）を紹介したい。

審判前の保全処分とは？

読んで字のごとしで、審判が下される前に申し立てられる保全手続で家事事件手続法105条、106条に規定があります。

家事事件手続法が制定される前は、まさに「審判」前のケースのみ認められており、調停の係属では保全処分の申立ては認められなかったのですが、家事事件手続法によって「調停」の申立てと同時に保全処分も認められるようになりました。

なお、訴訟対象事件の場合には、家事事件手続法上の審判前の保全処分ではなく、民事保全法による通常の保全手続となります。

審判前の保全処分の特徴

審判前の保全処分については、基本的には民事保全法による通常の保全処分と変わりはないのですが、①本案審判認容の蓋然性と②保全の必要性が必要となります。①は、通常の民事保全処分における被保全権利の存在に対応するもので、本案審理において一定の具体的な権利義務の形成がなされることについての蓋然性が求められます。②は通常の民事保全手続における保全の必要性と同様です。

保全命令の効力発生・保全執行

審判前の保全処分の効力は、保全命令が告知された時に発生します（家事事件手続法109条2項、74条2項本文）。審判前の保全処分は迅速性や緊急性が求められることから、告知だけで効力が発生し、保全執行ができるようになります。

他方で、保全執行は、債権者に保全命令が送達された日から2週間以内に行わなければならず（同法109条3項、民事保全法43条2項）、2週間の執行期間を経過すると保全執行はできなくなることに要注意です（東京高決平成15年12月25日家月56巻8号60頁〔28092121〕）。

体験談１

簡単ではない審判前の保全処分

弁護士９年目　女性

もっと早く相談してくれたら……

とある法人会でよくお話ししていた方から、「お恥ずかしい話、娘が離婚することになったのですが、初孫が向こうにとられてしまいました。話を聞いてくれませんか」と相談をいただきました。あらためてよく話を伺うと、急に孫を連れて実家に帰ってきた娘さんが夫に呼び出されて孫と一緒に出かけたところ、夫が義理の祖父母に会わせると言って孫を連れて行ったまま、義実家から孫が戻ってこないという内容でした。

どうやら娘さんは夫からのハラスメントであまり逆らえず、なすがままになり、父親にもなかなか相談できなかったようです。当事務所には父親と娘さん双方でお越しいただきましたが、最後に父親が「おまえも優しいからなかなか言えなかったんだろうが、何でもっと早く相談してくれなかったんだ、何で……」と、いつもみせない表情で語っていたのが不憫で仕方ありませんでした。

保全処分の申立ての趣旨は？

私は、さっそく審判及び審判前の保全処分の申立てを行うこととしました。本案審判の候補としては、①親権者の変更の審判、②監護者の指定の審判の２つがあり得、本件の事実関係からはいずれか１本にすることを決めあぐねましたが、結局、双方を申し立てることにしました。そして、それぞれ申立てと同時に審判前の保全処分も行うことにしたのですが、申立書を起案するにあたり、「あれ、親権者変更を本案とする保全処分の申立ての趣旨は何と書けばいいのだろう？　」と悩んでしまいました。実は、本案の審判（調停）の経験はあっても、保全処分の申立てははじめてだったのです。

家事事件手続法157条1項及び同法175条1項には「強制執行を保全し、又は子その他の利害関係人の急迫の危険を防止するため必要があるときは、当該申立てをした者の申立てにより、……審判を本案とする……仮処分その他の必要な保全処分を命ずることができる」とあるところ、書籍にはどのような保全処分があるか明確に書いていなかったものですから、私は、「未成年者○○の親権者を相手方から申立人に仮に変更する」と書いてしまったのです。案の定、数日後担当部から電話があり、訂正を求められ、結果、審判確定までの間、夫の職務執行の停止と妻を職務代行者に選任することを求める申立ての趣旨へと変更することになりました（同法175条3項）。

まあ、こういっては何ですが、普通の（？）仮の地位を定める仮処分と異なって条文上の根拠のある仮処分の申立てしかできないのであれば、条文に明記するか、せめてコンメンタールには書いてほしいと思うのですが……。ついでにいえば、本案だけでなく保全に関しても貼用印紙額や予納郵券の内訳をホームページに載せておいてほしいものです……。

審尋に消極的な裁判官!?

第1回期日は相手方が欠席するとのことでしたが、こちらは先に話をするために出向くことは構いませんし、裁判官も話したいことがあるということで申立人側の話を聞くだけの第1回期日が開かれました。裁判官は、娘さんに対して簡単な説明をした後、「本件の事情ですと親権者を定めたというべき出来事後の事情変更はないため親権者の変更は難しく、同様に本件で監護権のみを分離して監護者の指定ができるといえるのか疑問である」旨の意見を率直に述べました。

実は、本件では夫婦が何回か離婚届を作成しており、最終的にお子さんの名前が「夫が親権を行う子」欄に記載されている離婚届が提出されてしまっていたのです。離婚届が有効であり、提出の日をメルクマールにすれば上記裁判官の発言どおりの判断になるのでしょうが、離婚意思や親権者（監護権者）指定の有効性が問題となり得るにもかかわらず、第1回から審尋や調査官調査を経ないで判断をしようとする姿勢には、娘さん同様に納得がいきませんでした。

結局、本件は面会交流についても話し合うために調停に付された後、調停不成立から再度審判へ移行、そして本案・保全双方却下となり、現在、まだ抗告審が続いています。家事事件を扱う周りの弁護士から、「親権争いは事実上奪ったもん勝ち」と聞いてはいましたし、今後の見通しが明るいとはいえませんが、非監護親への親権者変更ないし監護者の指定が認められた前例をもとに、娘さんの下へお子さんが帰ってくることを祈っています。

体験談 2

子どもの取戻しには万全の準備を

弁護士 12 年目　男性

まさかの連れ去り

これは、私がちょうど弁護士3年目に入った頃の事件でした。今では、ネット集客も当たり前の時代ですが、当時はSNSもまだそれほど広まっていなかった時代でした。

そのような頃に、共通の知人を介してSNSで相談を受けたのが、2人のお子さんのいるXさんという方でした。

Xさんは夫であるYさんとの生活をこれ以上続けられないと思い、お子さん2人を連れて家を出て、実家のある沖縄に帰ったという事案でした。

離婚をしたいが今後どのように話をしていけばよいかというのがXさんの相談の概略で、私は、Yさんが子どもを奪い返しに来るかもしれないから気を付けるようにとアドバイスをし、あとは少し時間をおいて離婚の話合いをすればいいと思う、必要があれば私が受任をしてあげますよという話をしていました。

Xさんは、「Yにはそんな度胸もないし、沖縄まで来ないと思いますから大丈夫ですよ」と話していて、私としても、子どもが2人いるし、無理やり連れ去られることはないだろうと思っていたのですが、その数週間後、ちょうど私が出張で新幹線に乗って移動していた際に、「子どもが連れ去られました。Yの父がYと一緒に来て無理やり連れて行かれてしまいました」という連絡が入りました。

私は、翌日沖縄に行き、Xさんのご家族にも集まってもらい、離婚や子どもの取戻しについて正式に受任をすることになりました。

子どもは動産扱い?

当時は、家事事件手続法が制定される以前で、審判前の保全処分はまさに「審判前」でなければならず、「調停前」では認められないという時代でした。

A家裁B支部に監護者指定及び子の引渡しの審判前の保全処分の申立てをしましたが、本件事案は、Yさんの自力救済のような事案でしたので、これを認める結果になることは法治国家としては許されないという理由から保全処分は認められました。

そして、ここからが本番です。Yさんはともかく、Yさんのご両親が常に裁判所にも同行し、Yさんよりも Yさんのご両親が孫を離したくないという案件でしたので、任意での引渡しには応じてくれませんでした。そこでやむなく強制執行の申立てになりました。

子の引渡し用の書式が見当たらず、裁判所に確認したところ、動産執行と同じ書式で申立てをしてほしいといわれました（執行の目的及び執行の方法は特別法に基づく保全処分（子の引渡し）と記載をしましたが)。

また、執行補助者の候補者も見当たらず、執行官にお任せという状況でしたので、上申書を提出し、子どもが２人いることから、補助者も複数名選任してほしいという申入れも行いました。

執行日の前に、執行官と打合せをしましたが、執行官はあと数週間で定年という時期だったようで「ついに子どもの引渡しの執行が来てしまったか……」と執行官の中でも一番気が重い執行であるということを話していました。現在では子どもの引渡しも多くなったのかもしれませんが、Ｂ家裁Ｃ支部（刑事部がない支部でした）の執行官の中には経験者がいなかったようで、Ｂ家裁全域の執行官から情報を集めたということも話していました。

いざ本番

私もはじめての経験で、ほぼ執行官任せだったのですが、子の福祉の観点から、執行官はなるべく子どもの引渡しの説得を試みて、それでもダメな場合には子どもを強制的に連れて来ますので、ある程度の時間はみてくださいといわれていました。

当日は、私とＸさん、そして執行官と執行補助者２名（親子で執行補助者をされていました）で、Ｘさんと私はＹ宅の側で待つということになりました。一応事前に、Ｘさんには時間次第では羽田空港近くに泊まってもらうかもしれないということは話していましたが、その場合には、再度の連れ去りという万が一の危険に備えて、私も同じ宿泊施設の隣の部屋にでも泊まらなければならないかなと考えていました。

執行の当日は、12月の中旬でした。そのような中で、執行官が説得をしている間、外でずっと待っていなければならず、その付近にはコンビニもなく、トイレも我慢しなければならないというような過酷な状況でした。私は、Ｙさんの家のトイレを借りましたが、さすがにＸさんはＹさんの家に上がるわけにもいかず、執行補助者の方に自動車でトイレのある公園に連れて行ってもらうなどしていました。このようなことは、本番の前には思いもよらず、今思うと本当に出た所勝負のような１日でした。

羽田空港までの道

外が真っ暗になった頃、ようやく執行官がＹ宅から出てきて、説得ができそうだといわれました。そこで、近くにＸさんを待機させた後、無事に子どもたちをＸさんに引き渡すことができ、数か月ぶりに子どもたちと会えたＸさんは涙ながらに２人を抱きしめていました。

ところが、私にとってはこれからが重大で、果たして最終便に間に合うのかというギリギリの時間でした。

しかし、日頃の行いがよかったからか、執行補助者の方が非常によい方で、こちらが事前にお願いしていたわけでもないのに、羽田空港までスピード違反ギリギリの速度で送ってあげますよといってくださいました。車中では、Ｙさん宅ではあまりしゃべらなかった子ども２人が、Ｘさんを前にこの数か月間の出来事を堰を切ったように話し続けていたことが印象的でした。

その後、どうにか羽田空港の最終便に間に合い、Ｘさん親子は無事、沖縄に帰ることができました。全てが結果オーライだったものの、もし少しでも歯車が狂っていたらどうなっていたのだろうか？　という怖さを覚えた案件でした。

ワンポイントアドバイス

現実にはなかなか厳しい？ 監護者指定と子の引渡しの審判前の保全処分

監護者指定と子の引渡しの審判前の保全処分は以前よりも申し立てられることが増えたように思いますが、実感としてはそう簡単に保全命令が下されるというわけではないと思います。

具体的には、子どもを連れて行かれてしまった夫婦の一方が他方に対して、又は、家を出て行った（出て行かざるを得なくなった）夫婦の一方が他方に対して監護者指定と子の引渡しの保全処分を申し立てるというのがよくあるケースだと思います。

この点、東京高裁においては、「強制執行を保全し、又は子その他の利害関係人の急迫の危険を防止するために必要があるとき」という要件が必要である旨を判示しています（東京高決平成 27 年 2 月 26 日判タ 1423 号 199 頁〔28241767〕）。この高裁の事案では夫が子どもを連れて出て行ってしまったケースで、母親が審判前の保全処分の申立てをしていたのですが、夫は両親の援助を受けて子を監護しており、その監護状況に問題があることがうかがえず、子に対する急迫の危険が現在していると認めるに足りる証拠はないとして保全処分を否定しました。

一方で保全処分が認められやすいケースとしては、体験談 2 のように子の連れ去り方が自力救済に近い実力行使に出ているなど、法治主義の観点からみて妥当でない場合、監護している親から虐待を受けていたりネグレクトが認められる場合など、子の福祉の観点からみて現状を維持することが妥当でない場合などであるといえます。

審判前の保全処分手続においては、相手方の立場になる、現実に子を監護をしている親側からみると、申立人である配偶者が子を虐待していたなど、申立人と面会させることが子の福祉に反するような場合を除いて、面会交流を拒絶することなく、申立人と子の面会交流をしっかりと行っているという点は審判前の保全処分を否定する重要な要素の１つになります。それゆえ、相手方の代理人になる弁護士は、依頼者に対して面会交流を許すことの必要性、大切さをしっかりと事前に説明しておき、感情的には面会をさせたくないという場合でも、面会交流をさせることが申立人に監護権をとられないためにも大切だというアドバイスをしておくとよいと思います。

保全執行の事前準備、執行官との打合せは綿密に

体験談２でも触れていましたが、実際に子どもの引渡しを求める保全執行においては、子どもは動産と同様の扱いになります。しかし、通常の動産執行と異なるのは、子の福祉に配慮して、子どもに嫌な思いをさせないように子どもの引渡しを求めるという配慮が必要になることです。

相手方のみならず、相手方の両親（子どもからみれば祖父母）も同居していると、可愛い孫を奪われてしまうような感情になってしまい、なかなか渡したくないという気持ちになってしまうのは仕方がないことです。

執行官は、子の福祉の観点から子どもを無理やり奪い去るような断行はせずに、まずは時間をかけて説得を試みるのが通常だと思います。時間帯としては子どもたちの年齢次第ですが、幼稚園に通っているのであれば、その帰宅時間帯などを見計らって、帰宅以前に住居地にいる家族に趣旨を説明し、子どもの帰宅後に子どもを引き渡してほしいというような説得を試みることもあります。体験談では、長時間に及ぶ説得が試みられたようですが、執行官としては、少しでも子どもたちの心に傷が残らないように十分な配慮をした執行を行うことを心がけていると思います。

ですので、申立人の代理人としては、できるだけ協力をし、事前に執

行官や申立人本人とさまざまな打合せや準備（例えば、子どもの取戻し後にどのような方法で子どもを連れて帰るのか、帰った日に家族や友人が一緒にいてくれるのかどうかなど精神的に落ち着けるような環境があるのか）をしておくことが大切だと思います。

加えて、執行補助者の協力が非常に大切になると思いますので、普段から懇意にしている執行補助者がいないようであれば、執行官が懇意にしている執行補助者にお願いすることをおすすめします。

Method

13 削除命令、発信者情報開示の仮処分

▶ 意外と簡単！ まずは、やってみよう！

――発信者情報や削除命令の仮処分については、弁護士にとって新しい分野であるため、依頼を受けることを躊躇する人もいるかもしれないが、ベテラン弁護士との差が生じにくく、若手にとってはチャンスである。

新しい分野は若手に有利

インターネット上の誹謗中傷や著作権を侵害する投稿については、近年、発信者情報開示請求や、削除命令などの法的な対応が注目を浴びています。

しかし、新しい分野であり、判例や裁判所の対応も都度変化していること、コンテンツプロバイダについては海外にある本社が相手方当事者になることも多いため、取り扱うことに躊躇している方も多いのではないかと思います。ただ、この分野はベテラン弁護士があまり取扱いをしていない分野でもあり、参考になる本も多くあることから、若手弁護士は依頼があった際には思い切って受任するのがよいと思います。

削除についてはまず利用規約を確認

コンテンツプロバイダ（デジタル化された情報を提供する事業者のこと。Twitter 等）も、ユーザー＝顧客の使いやすさやコンプライアンス等に配慮しています。違法なコンテンツを野放しにせず、コンテンツプロバイダ自身が削除に関する規定を設け、ユーザー等からの申請があった際にはこれに対応しているケースが多いです。アクセスプロバイダは、投稿者の IP アドレス及びタイムスタンプの開示について、基本的には仮処分命令がなければ開示しないという対応が多数ですが、一定の手順を踏むことで裁判手続を経ずに、開示されるケースもあります。

取引関係に関する事件の場合、まずは契約書を読むように、投稿の削除についてもまずは利用規約を確認しましょう。

発信者情報開示請求

発信者情報の開示は２段階に分けて行われます。

まずは、①コンテンツプロバイダに対して、投稿に使用された IP アドレスと投稿が行われた日時を示すタイムスタンプを開示する仮処分を申し立てます。仮処分の申立てについては、対象が国内外の企業となることが多く、海外の企業が相手の場合には翻訳文を作成するなどの手間・実費が発生します。

仮処分が認められた場合、②開示された IP アドレスをもとに、通信を行ったインターネットサービスプロバイダ（インターネット接続の電気通信役務を提供する組織）を特定し、同社に対し訴訟を提起して、発信者の氏名又は名称、住所、電話番号などの開示を求めます。

この点、大手通信会社の主要プロバイダのログ保存期間は 90 日～3 か月程度といわれています。このため、①に加え、アクセスプロバイダへのログ保存請求を、当該保存期間内に行わなければなりません。

Twitter 社は日本法人がウェブサービスへの関与を行っていないため、

開示請求の相手方は海外法人となります。海外登記取得、翻訳といった手続が必要となることから、正に時間との勝負といえます。また、日本法人に対する請求と比べて実費が多額となることから、受任時点で依頼者に実費見込額をよく説明しておく必要があります。

発信者情報開示請求は難しい、とっつきにくいという印象があるかもしれませんが、こうしてみると手続自体はシンプルです。法的な主張についても、名誉毀損の基本的な判例や著作権分野の判例をある程度押さえておけば対応できます。

また、難しい、とっつきにくいという印象を受けるのは、相手が海外の企業であったり、インターネット関係の用語に馴染みがなかったりするという点に集約されるように思います。すでに判例や参考になるテキストがあるので、それらを利用し、経験者に話を聞きながら手続を進めることで対応できるようになるでしょう。

体験談 1

時間との勝負！　Twitterへの開示請求

弁護士８年目　男性

相手方となる法人が度々変わる！？

冒頭リード文のとおり、Twitter社に対する請求は、日本国内向けにサービス提供している海外法人が相手方となります。

2019年秋、私は久しぶりにTwitter社への開示請求を受任し、従前相手方だった米国カリフォルニア州法人のTwitter, Inc.への請求として起案を始めました。しかしながら、直前に同社に対する請求をしていた同じ事務所の弁護士から、アイルランド法人が相手方だったと指摘を受けたのです。慌てて確認したところ、2018年にアイルランド法人Twitter International Companyにサービス提供元が変更されていました。なお、2020年1月にTwitterの利用規約プライバシーポリシーが変更となり、再度相手方がTwitter, Inc. となったようです。請求時点の相手方法人を都度確認する必要があります。

裁判所に提出する資格証明書もサービス提供法人のある国の登記を取得しなければなりません。この海外法人登記について、取得代行サービスを運営している弁護士・行政書士がいます。訳文付で即時に取得してもらえることから、利用を検討されるとよいでしょう。取得手数料は6万円程度かかりますが、時間との勝負であることを考えると必要経費といえます。

管轄の上申書作成を忘れずに

Twitter社は日本国内に営業所を有していないため、東京地裁本庁が管轄裁判所となります（民事訴訟法10条の2、民事訴訟規則6条の2)。

東京地裁本庁への係属について、裁判所からは都度上申書の提出を求められます。第三者による担保提供の上申とともに提出することがよいでしょう（なお、Twitter社は無担保での開示決定に応じる運用をしています)。

Twitter社への請求は多くなされているはずであり、裁判所も多数案件を処理していることから説明を求められることはないと考えていましたが、あくまでも毎回提出が必要なようです。

翻訳の時間と費用を確保しなければならない

海外の相手方に対して送達する場合、申立人側で提出書面全ての翻訳が必要です。裁判所への申立て時には日本語版があればよく、債権者面接の後に相手方海外法人に翻訳版を直送します。

このため、翻訳費用を実費として見込んでおく必要があります。翻訳部分を少なくするため、名誉毀損に該当する投稿を的確に抜き出し、絞ることも有効です。

Twitter 社の場合、少なくとも最近（2020 年 10 月時点）までは日本の法律事務所が代理人を務めている（結局日本の弁護士が日本語書面を見る）ことから、翻訳の細かい言い回しに気をとられる必要はないと考えます。

近年は自動翻訳 AI サービスが発達しており、発信者情報開示分野での利用者が多いため翻訳精度も高くなっています。費用も外注の場合と比べて安価であり、時間節約の観点からも、翻訳 AI の利用を強くおすすめいたします。

なお、固有名詞の翻訳について、私ははじめて申立てをした際に「ツイッターインコーポレイテッド」と記載して提出しました。そうしたところ、裁判所から「他の方は皆さん『ツイッターインク』としている」と言われ、修正を求められました。役員等の人名表記についても同様です。固有名詞の表記方法については、事前に裁判所やよく申立てをしている周囲の弁護士に確認すると安心です。

Twitter はログイン型

Twitter は、個々の投稿の IP アドレスを保管せず、サイトへのログイン時のアクセスログを保存しています。このため、発信者情報目録の記載方法がやや特殊であることに注意する必要があります（具体的な記載方法については専門書籍をご確認ください）。

ログイン型であることのメリットとして、名誉毀損がなされた投稿時点から時間が経過していても、最終ログイン情報が残っている可能性が高いことが挙げられます。投稿との関連性についてアクセスプロバイダが争うこともありますが、諦めずに請求することで活路が開ける場合もあります。

アクセスプロバイダへの開示請求時の注意点

開示決定が出た場合、Twitter社の海外法人からメールで、IPアドレスとタイムスタンプ情報ファイルをダウンロードするための案内が送付されてきます。英文ファイルですので、迷惑メールに振り分けられないよう注意してください。ダウンロード期間が設定されていますので、受信に気づかないまま期間を経過してしまうと、再度送付を現地法人に依頼する必要が生じます。

一度共同受任している弁護士がメールを受信したのに気づかないまま期間が過ぎてしまい、再送付依頼をするためのメールの作成（当然ながら英文）を慌てて英語のできる弁護士に頼んだことがありました。時間的ロスも大きいため気を付けましょう。

また、タイムスタンプはUCT（協定世界時）で開示されるため、アクセスプロバイダへの開示請求時には+9時間として日本標準時での記載をしてください（中澤佑一『インターネットにおける誹謗中傷法的対策マニュアル〈第3版〉』中央経済社（2019年）195-206頁）。

体験談 2

先生、転職者向けの口コミ掲示板サイトに掲載された弊社の悪口を削除してください！

弁護士５年目　男性

突然の相談

ある日、以前に訴訟を担当したことがあったＡ社から、転職者向けの口コミ掲示板サイトにおいて、自社の悪口が投稿されており、削除したいとの相談を受けました。

聞くところによると、投稿内容には従業員しか知り得ない内部の情報が含まれていたことから、現在在籍している従業員もしくは退職済みの従業員の誰かが投稿したものではないかということでした。投稿の影響により、中途採用を希望する人数が減少し、また、従業員らのモチベーションも下がっているという実害が生じているとのことでした。Ａ社の要望は、何としてでも投稿を削除することと、投稿者を突き止めて、損害賠償請求を行いたいというものでした。

仮処分の申立て

アクセスプロバイダによる投稿者のIPアドレス及びタイムスタンプの保存期間は一般的には３か月程度といわれているため、私はすぐに、掲示板を管理しているＢ社に対して、発信者情報開示及び投稿記事削除を求める旨の仮処分の申立てを行いました。

Ｂ社は、当方の主張をいずれも全面的に争ってきました。Ｂ社の代理人弁護士にその理由を聞いてみたところ、コンテンツプロバイダは、投稿内容に関する当事者ではないため、投稿内容の真実性について判断することが困難であり、被投稿者から削除請求があっても、明らかに第三者の権利を侵害するような投稿を除き、容易に削除に応じてしまうと、今度は投稿者から損害賠償請求等をされる可能性が全くないとはいえないため、裁判所の判断や心証が開示されるまでは、被投稿者の請求を争うケースが多いとのことでした。

また、B社は和解には応じないということが社内方針となっていたため、和解協議には一切応じませんでした。おそらく、投稿者からの損害賠償請求を避けたい趣旨かと思われます。なお、和解協議には応じないが、裁判所の決定には従う方針とのことです。

名誉毀損の要件を満たすことの難しさ

今回は、投稿者の投稿が事実を適示したものといえるか（事実の適示の有無）、事実の適示があったとしても、A社の権利を侵害したといえるか（権利侵害の有無）の2点が主な争点となりました。

投稿は、「社内の雰囲気が悪い」「ギスギスしている」「A社の将来はない」「女性同士の派閥がある」「総務部と営業部は仲が悪い」といった個人の感想レベルといえる投稿から、「休日もなくブラック企業」「サービス残業が常態化している」「教育制度がない」といった社内制度の有無等に関する内容までさまざまでした。

発信者情報開示請求との関係では、権利侵害の有無について、債権者側が、投稿による「権利侵害の明白性」があることを主張疎明する必要があります。具体的には、①投稿内容が債権者の社会的評価を低下させるものであり、②違法性阻却事由の存在をうかがわせるような事情がないことの2点になります。

②については、投稿内容が虚偽であり、真実ではないことを疎明しなければならず（反真実性）、債権者にとって、なかなかハードルは高くなっています。

個人的には、発信者情報開示請求においては、勝敗は、事実の適示の有無と反真実性の疎明の２点をクリアできるか否かにかかっているといっても過言ではないと思っています。

裁判所の判断

今回の投稿のうち、個人の感想といえる投稿については、事実を適示したものとまでは言いにくく、仮に事実の適示だとしても、投稿内容が虚偽であることをＡ社側が証拠を持って疎明することは非常に困難なものでした。

本件では役職者の陳述書を提出し、社内の雰囲気がよいことなどを疎明しましたが、陳述書は客観的な証拠とは言い難いという難点もありました。そのため、前者の投稿については、裁判所から申立てを維持したとしても却下とするつもりなので、取り下げるように求められたため、渋々取り下げることにしました。

後者の投稿については、社内規定などを証拠として提出し、投稿内容が真実ではないことを疎明することができ、最終的にはＡ社の請求が認められ、投稿記事の削除及び発信者のIPアドレス及びタイムスタンプの開示を受けることができました。

以前にも同じような案件

Ａ社は以前にも、別の転職者向けの口コミサイトにおいて、悪口を投稿されたことがあり、私が仮処分申立を行ったことがありました。本件とは別の裁判官が担当でしたが、冒頭から、表現の自由の重要性に鑑みて、申立てを認容することのハードルは一般的に高いと釘を刺されてしまいました。

その事案では、最終的に、掲示板の管理者との間で、和解が成立し、一部の投稿についてのみ任意の削除に応じ、その余の削除請求は取下げ、発信者情報開示請求については、裁判所の判断を仰ぐことになりました。
発信者情報開示請求についての結果は、想定どおり、開示を認めないというものでした。主な理由は、個人の感想を投稿したものであり、事実の適示とはいえない。仮に、事実の適示といえるものであっても、一般的に従業員であれば抱くであろう会社への不満にすぎず、社会的評価を低下させるものとまではいえないというものでした。

振り返ってみると

今回の案件と前回の案件では、投稿内容はほとんど同じ内容であったのに、裁判所の結論が異なっています。発信者情報開示請求の問題は、いわば投稿者の表現の自由と投稿された者の被る不利益の比較衡量の問題であるため、正直、担当裁判官の考え次第で、同種の事案でも結論を異にする可能性が高い分野なのではないかと思いました。担当裁判官が債務者寄りであった場合には、一度仮処分を取り下げたうえで、再度申し立てるという方法も戦略上はありかもと思っています。

ワンポイントアドバイス

限られた時間を有効に使う方法

発信者情報開示は、ログの保存期間が短いため、迅速な手続が必要となります。ここでは、手続において時間を稼ぐ方法を紹介します。
まず、海外の有名コンテンツプロバイダについては、国内の大手事務所の弁護士が代理人となるケースが大半であるため、申立て後の書面や疎明資料については翻訳する必要がないことが多いです。

申立て時には必要最小限の主張及び疎明資料を提出し、代理人が付いてから補完することも可能であるため、翻訳費用を節約することができます。まずは申立てを迅速に行うことを考えましょう。

IP アドレスの開示がされた後は、インターネットサービスプロバイダに対して、発信者情報開示の訴訟提起を予定している旨を告げてアクセスログの保存を裁判手続外で要請すれば、大抵の場合は応じてくれます。仮にログがすでにない場合や、発信者の特定ができない場合には事前に知らせてもらえます。プロバイダに対してログの保存を要請する際には、プロバイダ責任制限法関連情報 web サイト（http://www.isplaw.jp/）を参考に、必要な書類などを送りましょう。

□ 書き込みは一瞬、削除は6か月

■2ちゃんねるないし5ちゃんねる

インターネット上の書き込みといえば、以前は2ちゃんねるないし5ちゃんねるが有名でした。

これらのサイトについては、特に法人に関する投稿の削除が厳しく、削除命令の仮処分がなければ基本的には削除が認められない扱いになっています。

■請求の相手方が異なるうえに、国が違う

2ちゃんねるは、シンガポール共和国の「PACKET MONSTER INC, PTE. LTD」が、5ちゃんねるは、フィリピン共和国の「Loki Technology Inc」がそれぞれ運営しています。

現時点でPACKET MONSTER INC, PTE. LTDは事業所又は営業所を有しておらず、事業活動も行っていないため、無審尋での仮処分を上申すれば認められます。他方で、Loki Technology Incについては、送達ができているらしく、無審尋での削除仮処分は行われていません。フィリピン共和国との間に条約などがない関係で、EMSによる送達は認められておらず、フィリピンの機関を通すことになり、送達手続には6か月程度かかります。以前行った手続でも送達期間を見込んで入れた審尋期日にも送達が完了したとの報告が裁判所に届いていなかったため、これが届いてから削除命令を発令するという条件で審尋期日が終了し、その後無事に削除命令が発令されたということがありました。

■供託金は1週間以内に

仮処分の発令を受けるためには、担保金を供託することが必要です。裁判所から口頭で、何日以内にいくら納めてくださいといわれます。2ちゃんねるないし5ちゃんねるについては、2020

年時点で30万円でした。

裁判所から担保金供託の指定があり、供託手続をしようとしたものの、依頼者である法人が登記手続中であったため、供託手続に必要な代表事項証明を取得することができず、焦ったことがあります。その際は、登記手続を行っていた司法書士と連絡をとって一度手続を取り下げてもらい、なんとか期限までに供託をすることができました。頻発に発生することではありませんが、法人の依頼で仮処分をしている際には、この点にも配慮する必要があります。

なお、コンテンツプロバイダについては担保金を不要とする取扱いをしているところもあります。本原稿作成時にはTwitter社がそうでした。

■削除命令発令後

削除命令が発令された後は、その発令を相手方に知らせる必要があります。

2ちゃんねるの場合、削除整理板に仮処分の発令をした裁判所、事件番号を記入し、国内有料サーバにPDF形式にて決定書をアップロードしたうえで、削除理由の中に同PDFへのリンクを貼ってこれを投稿する必要があります。正直、侵害を受けている側がなぜここまでしなければならないのかと思わざるを得ません。

他方で、5ちゃんねるにおいては、削除命令が出ていることにつき、メールで相手方に知らせることができます。

Method

14 DV保護命令・接近禁止仮処分

▸「近寄るな！　」をめぐる攻防戦

――男女関係でのつきまとい事案等については、事案により当事者に生命・身体の危険が生じる場合がある。そのため、DV保護命令の申立てを積極的に検討すべきである。その際には、申立ての前提として、配偶者暴力相談支援センター又は警察署（生活安全課等）へのDV相談が必要となる。また、男女関係でのつきまとい事案以外であっても、事案により接近禁止仮処分の申立ての検討が有用となる場合がある。

DV保護命令に対する対応（申立人として、相手方として）

依頼が婚姻関係や男女関係に関するものである場合、DV保護命令の申立ての依頼を受けることがあります。別れ話がもつれて、交際相手や配偶者がつきまとい行為をしてくることをなんとかしたい、このような相談が多いと思われます。

一般的な流れとしては、まず申立てにあたって配偶者暴力相談支援センター又は警察署（生活安全課等）へのDV相談をしておくことが必要となります（なお、事前相談がない場合、公証人の面前での宣誓供述書の作成という方法もありますが、手続が煩雑であり、費用がかかることからあまりおすすめはできません）。

実際に被害状況があり、十分な準備をすれば、DV 保護命令の認容率は高いことから、発令に至ることが多いと考えられます。そして、発令がなされれば、債務者がこれに従わない場合、警察の協力を得ることができます。また、保護命令違反に対しては１年以下の懲役又は罰金の制裁があります。

ただし、事案によっては「今後、再度の暴力・つきまといがなされる危険性が高いとはいえない」と判断され、棄却される可能性もあることには注意が必要です。実際上は、裁判所から心証開示を受け、取下げに至る事例が多いように思われます。

他方で、債務者側代理人となった場合には、債権者側の申立て、申立人審尋期日を経て、審尋期日まで１週間程度しかないことが多く、タイトなスケジュールの中で準備することが必要になります。なお、債務者代理人となった場合、申立書及び添付の疎明資料だけではなく、申立人審尋調書の確認も忘れずに行うようにしましょう。

男女関係だけじゃない！　接近禁止命令

なお、接近禁止仮処分というと DV 保護命令が思い浮かびますが、それ以外にも活用場面があります。

例えば、労働問題を端緒にして、労働者相互間でつきまといがなされる場合や、親族間（親子）の暴力的加害行為がある場合、また、暴力団による嫌がらせや騒音を伴う街宣活動に対する対応にも、これを活用することができます。

保護命令と異なり、違反した場合に刑事罰の制裁はありませんが、警察からの支援措置を受けやすくなるという点でメリットがあります。

また、相手方が仮処分の決定に従わない場合には、間接強制の申立てを行い、違反の事実ごとに制裁金の支払いを求めることで、一定のけん制効果を期待することも可能です。

もっとも、接近禁止仮処分が認められるためには、「著しい損害又は緊急の危険を避けるために必要な場合」という保全の必要性につき積極的に疎明することが必要ですので、この点についても留意しましょう。

体験談 1

相手方代理人でも諦めない！ DV保護命令事件

弁護士 11 年目　女性

相談は突然やってくる

ある日、友人から電話がかかってきました。「知り合いが暴力で奥さんから保護命令申立というものを受けたらしい。相談に乗ってあげてくれないか。来週、裁判所に呼び出されているらしい」という話でした。

翌日、相談者に事務所に来てもらい、書類を見せてもらったところ、申立書には、「相談者に暴力を振るわれた」「相談者は粗暴的な人物であり、今後も暴力を振るわれる可能性が高い」などと記載してありました。相談者に話を聞いたところ、「確かに喧嘩になって手を出してしまった。でも手を出したのはこの時だけである。申立人に危害を加える意思はない」という言い分でした。

却下を勝ち取れる可能性は？

裁判所のホームページに載っている司法統計によれば、認容率が概ね 80% である一方で、却下率はわずか 5% 程度という結果となっているようです（申立人による取下げが 15% 程度）。相手方としては、申立人が取下げを行わない限りは、この5%に載せられる事案であるかの見極めが必要となりそうです。

本件は、相談者から預かった申立書及び証拠類を見る限り、とある1日の暴力の事実に関する主張と証拠（陳述書含む）のみが提出されているだけでした。相手方の言い分を差し引いても、相談者が今後も暴力を振るう可能性については強い疑問を覚える申立内容であったといえます。ただし、司法統計を見る限りは、このくらいの主張立証でも保護命令が出てしまうのだろうか、と不安な気持ちになったことを覚えています。

急いで答弁書の準備を！

保護命令事件の特色に、申立て後に申立人面接を経た後は、1週間程度を目安に相手方審尋期日が設定されるという審理の迅速さが挙げられます。そして、相手方審尋期日に適切な反論ができなければ、その日のうちに保護命令が出てしまう可能性があります。つまり、相手方は、保護命令申立書類を裁判所から受け取った後は、この短期間のうちに弁護士に相談をし、答弁書を作成・提出して審尋期日に臨むという非常に過密なスケジュールに置かれていることになります。

弁護士としても、相談を受けた時点で相手方審尋期日の数日前、ということが一般的だと思いますので、限られた時間の中で、できる限り質の高い答弁書と証拠を提出することが求められると思います。カラー写真など、裁判所に持参又は郵送しなければ判読できない証拠については、郵送又は持参が間に合わない場合は、事前にFAXで提出しつつ、当日はクリーンコピーを持参するなどという対応を裁判所と相談するとよいと思われます。

申立書類が全ての基礎資料とは限らない

受任後、急いで答弁書を作成し、相手方審尋期日の２日前に、裁判所に答弁書と委任状を出そうと思い、裁判所に電話を入れました。念のため、裁判所書記官に申立書類以外の資料が存在するかを尋ねたところ、「本件では、申立人審尋を実施しており、審尋調書を作成してあります」という回答がありました。当時の私は、審尋調書がつくられるケースがあるということに思いが至りませんでした。

同調書は相手方であっても審尋期日の指定後は閲覧謄写が可能なので（配偶者からの暴力の防止及び被害者の保護等に関する法律19条）、直ちに調書の閲覧を行いました。恐る恐る調書を見てみると……審尋調書には、申立書には記載されていない相手方の暴力や粗暴的な言動に関する申立人の主張が大量に記載されていました。この主張が全て事実だと認定されれば、当然接近禁止命令が出るだろうと思われる主張内容でした。相談者に審尋調書の内容を報告したところ、全て事実と異なる主張だという説明であり、反証に使える証拠もあったため、答弁書とあわせて提出しました。

却下決定の獲得

本件は、相手方審尋後、再度申立人に主張書面を提出する機会が与えられましたが、最終的に「暴行は一度きりであって相手方に粗暴的な傾向はない」として、却下決定を得ることができました。

本件で却下を獲得できた決め手は、事前に審尋調書の存在を知り、相手方審尋期日までに反論を検討できていた点だと思います。申立書類が充実していれば、申立人の審尋調書まで作成されることはないことが多いと思いますが、申立書類が充実していない場合には、審尋調書が作成され、申立書類に載っていない主張が顕出されている可能性があります。審尋調書が作成されているかどうかは、裁判所に問い合わせなければわからないので、仮に申立書類が充実していない事案であっても、相手方代理人としては、審尋調書が作成されていないかを念のため確認し、万全の態勢で相手方審尋に臨むことが求められるといえそうです。

体験談 2

DV、ストーカー以外でも使える接近禁止

弁護士８年目　女性

清算条項付の合意書の適用範囲は慎重に

相手が家や職場に押しかけてきて面談を求め、大きな声で叫ぶのでどうにかなりませんか、近所の目も気になります、という相談を受けたことがある方もいるのではないでしょうか。

私が顧問先から受けた相談は、同社の退職した元従業員とその上司との間のトラブルでした。会社自体は、別の顧問弁護士が、すでに元従業員との間で清算条項付の退職合意書を作成して解決済みとなっていたため、矛先が相手方の元上司に向かい、元従業員の知り合いという人物が、元上司の家の周りを訪れるなどして面談や謝罪を求め、一度は住居の庭先に侵入したので、警察を呼ばざるを得なかったという事案で、元上司のために何か法的手段をとれないか、というのが会社からの相談でした。

もともと、会社と元従業員とが退職合意書を作成した時点で、元従業員は、元上司のパワハラが原因で心身の健康を害した旨主張しており、この時点で元上司も含めた清算条項付の退職合意書を作成していれば後の事件は防げたようにも思えます。他方で、会社と元上司との関係を調整することが会社を代理する弁護士にとって利益相反にならないか、また会社と元従業員との間の退職合意が成立した後に、元従業員が元上司

に嫌がらせをする可能性まで検討し得たかというと、疑問の残るところではあります。会社の合意書を作成した弁護士がどのような見解をお持ちだったかはわかりませんが、起こり得る可能性をどこまで検討し、どこまで紛争を防止できるかというのは弁護士にとって常に課題となると思います。

各自治体によって異なる迷惑行為防止条例

このようなつきまとい行為については、ストーカー行為等の規制等に関する法律（以下「ストーカー防止法」といいます）に、規制があります。しかし、同法のつきまとい行為に該当するためには、「特定の者に対する恋愛感情その他の好意の感情又はそれが満たされなかったことに対する怨恨の感情を充足する目的」（同法２条１項）がなければいけません。

各自治体の迷惑行為防止条例で、つきまとい行為の目的につき、「専ら、特定の者に対するねたみ、恨みその他の悪意の感情を充足する目的」などと定め、ストーカー防止法ではカバーできない行為をカバーしている場合もあります。本件で適用される迷惑行為防止条例が定めるつきまとい行為の目的についても、ストーカー防止法よりも広く定められていました。

嫌がらせをしている当人と話をしたところ、自分としては法に触れない範囲で面会と謝罪を求め続ける意向であり、仮に法に触れることになって留置所に何日間か入ることになっても大したことではない、との回答がありました。

そこで、警察とも相談したところ、警察としては現時点では元上司の家の近所のパトロールを強化する程度のことしかできないが、裁判所による接近禁止の仮処分などが出てそれに違反した場合に動きやすくなるとの回答があったため、接近禁止の仮処分の申立てをすることとなりました。

DVやストーカー以外のケースでも活用可能！？

最終的に本件は、双方審尋期日において、①元上司が元従業員に対し携帯電話の電話越しで一言謝罪をする代わりに、②元従業員及びその知り合いにおいて、元上司の住居や勤務先に立ち入る行為、面接又は電話による直接交渉の強要、つきまとい行為、元上司の勤務先や近隣を正当な理由なく徘徊して同人を誹謗中傷するなどする行為及び元上司や勤務先に対するネット上の誹謗中傷を禁止し、③これに違反した場合には違約金を支払うという内容で和解が成立し、その後つきまとい行為もなくなりました。なお、元従業員とその知人との間で和解内容についてトラブルが発生したと当該知人の男性から一度連絡がありましたが、そこは当職の関与するところではありません。

接近禁止の仮処分というと、DV事件やストーカー事件の際に申し立てるというイメージがありますが、それ以外の嫌がらせを受けている場合にも活用できるということがみてとれる一件でした。

ワンポイントアドバイス

審尋期日調書に気を付ける！

体験談1は相手方代理人となった事案ですが、審尋期日の調書の存在に気が付き、これを取り寄せて反論を準備したところがポイントといえます。筆者の経験でも、申立人審尋期日においては、裁判官が丁寧に質問を重ね、申立人が申立書に記載されていない詳細な事実まで話すことがありますので、申立書一式だけを念頭に反論を準備することは非常に危険だと思われます。

男女関係以外でも
接近禁止仮処分の活用を！

体験談２においては、DV保護命令が予定している恋愛感情のもつれが前提となる事案ではありませんが、各自治体の迷惑行為防止条例を確認し、接近禁止仮処分の申立てを検討していること、及び、最終的に双方審尋期日において和解が成立していることからも、早期の紛争の解決がなされたものとして評価できるものといえます。

Method

15　証拠保全

▸ 臆することなくチャレンジを！

――証拠保全手続なんて、医療訴訟とかでしか使わない？
そんなことない！　臆することなくチャレンジを！

証拠保全の利用

民事訴訟法234条は、裁判所が、「あらかじめ証拠調べをしておかなければその証拠を使用することが困難となる事情」があると認められれば証拠保全手続をとることができるとしています。

相手が証拠を持っていることがわかっているのに、手出しできないもどかしさを感じているのであれば、依頼者のために証拠保全手続を活用することは非常に有効です。

要件である「あらかじめ証拠調べをしておかなければその証拠を使用することが困難となる事情」をどのように裁判所に疎明するかが問題になりますが、コンメンタール（秋山幹男ほか『コンメンタール民事訴訟法Ⅳ〈第2版〉』日本評論社（2019年））をひもとけば、裁判所が比較的柔軟にこの要件を解釈・運用していることがわかります。

特に、当方依頼者に有利な証拠を相手方が所持していることが明らかな場合には、類型的に証拠を処分してしまう可能性が高いと考えることができるでしょう。したがって、事前交渉段階で「あの証拠さえあれば、こちらの主張が基礎付けられるのに、放っておいたら相手方が処分（データ消去）してしまう！　」と焦るようなことがあれば、それだけで要件を満たす可能性があることになります。

多くの論文（町村泰貴「証拠保全制度の機能」青山善充＝伊藤眞『民事訴訟法の争点〈第3版〉』有斐閣（1998年）228頁、加藤新太郎ほか「診療録の証拠保全」根本久編『裁判実務大系（17）医療過誤訴訟法』青林書院（1990年）478頁など）も、証拠保全の証拠開示機能を認めるところであり、ぜひ積極的な活用を検討してみましょう。

体験談 1

不法行為の相手方が所持する録音媒体の検証

弁護士 11 年目　男性

詐欺的取引の交渉記録を押さえたい！

「母がだまされて土地を売ってしまったようです！　」と息せき切ったご子息から連絡があったのは、4年前の暑い夏の日のことでした。聞けば、少し物忘れが始まった高齢のお母様が所有する約8,000万円の土地について、不動産業者が言葉巧みに「お子さんたちのために現金化しておいた方がよい」と半ば詐欺的に持ち掛け、約3,200万円で売買契約をしてしまったとのことでした（Method 04 体験談1、Method 05 体験談4と同一事例）。

これに対して、当該不動産の処分禁止の仮処分をかけたところ、仮処分の異議申立審尋において相手方代理人が「債務者（買主）は詐欺的な言動は全くしていない。自分も代理人として録音データがあることを確認している」と発言しました。

当方としては、認知症の可能性のある高齢者に対する詐欺的な事案であるとの認識でしたので、この発言を捉えて、なんとかしてその録音データの全てを取得したいと考えました。

証拠保全の要件の疎明のための工夫

そこで、全く初体験ではありましたが、証拠保全手続をやってみようということになり、「あらかじめ証拠調べをしておかなければその証拠を使用することが困難となる事情」をどのように疎明するかの検討を進めました。

まず、審尋期日にて、裁判所の面前で繰り返し当該録音データの提出を求め、相手方代理人が拒絶した事実を審尋調書に残しました。

次に、同じ録音データを所持していた（相手方不動産業者が指定し、登記を受任した）司法書士にも録音データ開示を内容証明郵便で求め、司法書士からも開示が得られなかった事実も残しました。

そして、これらの事実をもって、土地所有権移転登記抹消登記請求訴訟の重要な証拠である録音データが、改ざん、消去される可能性が高いと主張しました。

いざ、証拠保全へ

結果として裁判所に証拠保全（検証）を認めてもらい、実際に執行官送達後、裁判官とともに相手方不動産業者の事務所に乗り込み、裁判官の提示命令及び検証により、録音データを確保することができました。

体験談 2

医療記録の証拠保全

弁護士 6 年目　男性

検証物目録は正確に！

弁護士３年目ではじめて医療記録の証拠保全を行いました。いわゆる「病院」ではなく、美容クリニックでの施術が問題となった事件でした。

申立書提出後、特に検証物目録について、裁判官から修正指示がありました。事件発生日との兼ね合いで可能な限り範囲（カルテの作成日付、防犯カメラ映像の日時等）を絞り特定するようにとのことでした。

また、検証物目録の中に保険診療報酬請求書（レセプト）を入れていたのですが、当該事件では保険適用がないのではないかとの指摘を受け、恥ずかしい思いをしました。

提示命令は留保される

裁判官面接において、検証命令は発令予定であるものの、提示命令の発令は保全決定段階では留保するといわれました。東京地裁では概ねこのような取扱いが原則のようです。その理由は、文書提出義務（民事訴訟法 220 条）が認められない文書についても、提示命令によると提示義務が認められてしまい、文書提出義務の制限の潜脱となり得るためです。現場で任意の提出を促し、提出を拒まれた場合に発令する余地を残すという運用になっているとの説明を受けました。

同様の理由から、検証物目録に記載していた「事故に関する調査報告書、インシデントレポート、アクシデントレポート」についても、自己利用文書にあたるため、相手方が任意提出を拒んだ場合に提出命令を出すことは難しいと事前に念押しされました。

防犯カメラ映像の難しさ

防犯カメラについて、管理運用を外注している場合があります。相手方が所持していないデータについては証拠保全ができないことに注意が必要です。また、保存期間経過などにより消去済みの場合には保全することができません。

電子カルテについて

裁判官面接において、電磁的記録に関しては相手方が印刷したものを提出した場合にも電磁記録本体を確認し写真をとるか確認されました。

この事件は入院事案ではなく、初回通院時に事件が発生した事案だったため、カルテの量は少ないことが予想されました。電磁的記録本体を確認し写真をとることを希望しましたが、予想される証拠の量等によって個別判断にならざるを得ないと思います。

更新履歴が保存されている電子カルテの場合、修正・変更履歴を確認することができます。更新履歴も検証物目録に含めておきましょう。

完全予約制!?　診療受付に電話し休診日を探る

検証期日に空振りとならないよう、事前に相手方の休診日を確認しておく必要があります。私が担当したこの事件では、ホームページの診療予定表は1か月分しか掲載されておらず、おまけに「完全予約制」と記載されており、大型連休前だったために臨時休業のおそれもありました。

予約を入れない限り空振りになるのかと焦りましたが、診療受付に電話したところ、予約がなくとも病院自体は営業をしていること、期日候補日について休診でないことの確認がとれたので裁判官に伝えたうえで、期日を調整しました。

カメラマンの同行

保全の方法には、申立人が自分でカメラを持参し撮影する方法、現場でコピー機を利用してコピーする方法等がありますが、私はカメラマンを同行して撮影してもらいました。手配や報酬負担を申立人側で行う必要がありますが、同種手続を専門にしている業者もおり鮮明な証拠を保全できること、現場にコピー機があるとは限らないこと等から、結果的にはよかったと思っています。

送達が確認できない！？
裁判官と一緒に１時間待ちぼうけ

証拠保全の送達には、執行官送達と郵便送達があります（民事訴訟法99条１項）。しかしながら、改ざんを防ぐ目的から、医療機関に対する証拠保全は執行官送達を指定することが通常です。保全期日のおよそ１時間前に執行官が相手方に持参して送達します。

この事件では、午後０時に執行官送達、午後１時に検証開始とされました。裁判官及び書記官と待ち合わせ場所で合流し、執行官送達が完了していることを裁判所に電話で確認して相手方に向かいました。

しかしながら、裁判官が検証開始を告げたところ、相手方は送達の際に書面を受領した職員が席を外しており、その場にいる職員は書類を確認できていないと述べてわれわれに待機を要請してきました。裁判官が裁判所に電話して送達受領者名を確認しようとしましたが、昼休みにかかる時間でもあったためすぐに連絡がとれず、結果的に裁判官やカメラマンとともにビルの入り口ロビーで1時間近く待ちぼうけを食らうことになりました。この間に改ざんが行われていないか心配でしたが、どうすることもできず、1時間ほど経った後に検証が開始されました。手続終了近くになって再度裁判官が裁判所に電話で確認したところ、最初から現場にいた職員の名前で受領されていたことがわかり、疑念は消えないままでした。早い時点で、もう少し強く検証開始を主張すべきだったと反省しました。

検証期日は、裁判所が調書作成のために終始録音をとっていました。調書に添付するため、後日カメラマンから受領した撮影データを裁判所に提出して手続は終了しました。

ワンポイントアドバイス

事件を振り返って

体験談1では、処分禁止の仮処分手続が先行しており仮処分自体が認められていたことに加え、相手方代理人の提出拒絶の事実を審尋調書に残すとともに、相手方不動産業者と一体ともいえる司法書士へも内容証明郵便を送付して、「何をやっても大切な証拠が相手方から出てこない」という状況を客観的証拠で積み上げていったことが奏功したと考えています。

また、証拠保全手続においては、体験談2のように、「あらかじめ証拠調べをしておかなければその証拠を使用することが困難となる事情」の疎明をいかに行うかがポイントとなります。

どんな手続でもいえることですが、しっかりと準備をしたうえで勇気をもってやってみると、意外とうまくいくものです。皆様も、困ったときには是非とも証拠保全手続を活用してみてください。

Method
16
不動産の明渡し・断行①

▶ 最後まで任意明渡を粘り強く！

――不動産明渡の強制執行においては、申立ての後、執行官との打合せ、催告期日、断行期日と順を追って進んでいく。可能であれば懇意の執行補助者を確保したうえで、断行日のスムーズな執行を目指していく。また、実際に断行となった場合には多額の費用がかかることから、依頼者に事前に説明するとともに、可能な限り任意明渡を求めることが肝要である。

まずは申立て、必要書類の準備

本メソッドでは、不動産明渡執行の申立てから断行までの「準備」を中心に記載しますが、前提として不動産明渡執行の流れを概説します(事例として多いであろう建物明渡等請求事件を例として説明します)。

まず、強制執行申立においては、申立書に①執行文が付された債務名義と②送達証明を添付する必要があります。

この点、債務名義については確定判決、仮執行宣言付判決、和解調書がありますが、例えば建物明渡等請求事件においては、本案について判決をとっていることが多いと思われます。

その場合、建物明渡等請求事件では仮執行宣言はめったに付かないことから、判決確定を待って、担当部に①に関して判決確定証明申請書、執行文付与申請書を、②に関して送達証明申請書を提出して取り寄せることになります。

また、その他の添付資料としては資格証明書、当事者目録、物件目録、委任状と地図もあわせて添付します。

そして、申立書、添付書類が揃ったら、予納金とともに裁判所に提出します。東京地裁の場合には、霞ヶ関庁舎の執行官室に提出することになり、予納金の額は各裁判所が「予納金額標準表」を準備していますので、こちらを参考にします。

執行官面接

申立てを済ませると次は執行官との打合せです。

地方の裁判所の場合、電話での打合せもありますが、東京の本庁の場合は執行官との面接となります。

申立ての翌日以降、執行官が出払ってしまう前の午前8時50分から9時20分までの間に、本庁3階の執行官室に行き、申立ての際に交付された面接票を受付に提出すると、順に執行官に呼ばれます。

打合せの内容は債務者との連絡状況、裁判の際の対応（出席か欠席か)、催告日の日程調整、執行補助業者が決まっているかどうか等になります。依頼する執行補助業者が決まっていない場合には、廊下に待機している業者の方にお願いすることになります。

明渡催告期日そして明渡断行期日へ

執行官の催告日には代理人も同行します。執行費用の見積りのため、執行補助者も同行するほか、債務者不在の場合に備えて開錠業者も同行することが通常です。
そして、任意履行の催告をするとともに、断行期日の指定告知がなされます。

任意明渡の交渉と依頼者への説明

その後は明渡断行期日を待つことになりますが、断行となった場合には多額の費用がかかります。
そのため、できる限り債務者に任意の明渡しを求めるとともに、依頼者には実際に断行となった場合の費用について、再度説明をしておくことが肝要です。

体験談 1

不動産明渡断行日までに行われること

弁護士 5 年目　男性

強制執行申立の準備

知人からの紹介で入居したテナントが賃料を払わないということで、当事務所が明渡訴訟を受任した時のことです。明渡期限まで賃料（賃料相当損害金）を支払う旨の和解が成立しましたが、結局、和解成立後一切賃料を支払わなかったので、それでは出ていってもらうしかないとして強制執行申立を行うことにしました。
強制執行申立書の添付書類は、一般的に①執行力ある債務名義の正本、②債務名義の送達証明書、③執行場所の地図、④委任状（＋資格証明書）です。強制執行申立書については所属事務所のひな型があると思いますのでご存知の方も多いでしょうが、意外と細かい記載事項として、立会人の要否や、執行調書謄本交付の要否、債務名義・送達証明書還付の有無も記載することになります。また、申立てと並行して、申立予納金及び執行補助者費用を依頼者に（再度）説明することと、開錠業者や執行補助者の要否及びこちらで用意するか否かの確認もしておくとよいでしょう。

この案件では同時に動産執行も申し立てましたが、予納金は明渡執行で7万円、動産執行で3万円の計10万円でした。執行補助者費用については、テナント物件は約20坪でしたが、お店をやっていたのでかなり荷物が多く、執行補助者費用は50万円は下らない旨を依頼者のオーナーさんに伝えたところ、「じゃあ知り合いの○○さんにお願いして安くやってもらいます」として、知り合いの廃棄物処理業者の名前を挙げられました。その業者は私も知っていたのですが、裁判所の執行補助者リストには載っていなかったので大丈夫かなとは思いつつも、執行官打合せのときに「大丈夫です」と答えた記憶です。なお、この点を補足しますと、執行官によっては、執行目録作成や断行当日の手際のよさの観点から、執行補助者経験のない業者を嫌がることもあります。

執行官面接は面談で行う裁判所もあるようですが、この案件では電話で済ませています。なお、地方の裁判所支部だと執行官が少ないため、出払っていてなかなか電話がつながらず催告日のすり合わせもできないことがあることを頭に入れておくとよいと思います。

断行日前まで自主退去交渉の継続

申立て後、関係者の日程をすり合わせて無事に明渡催告日も決まったところでオーナーさんから相談を受けました。相談内容は、次に入ってもらう優良なテナントも決まっているうえ、そのテナントが予想される明渡期限日前の休日にイベントスペースとして使いたいといっているので、なんとかならないかというものでした。当時、賃借人のお店は営業していたりしていなかったりでしたし、もちろん保証はできないと断りを入れつつも、オーナーさんは昔から付き合いのある人ということもあり、テナント物件が事務所から近かったのでお店に行って任意交渉を行うことにしました。しかし、催告日まで賃借人と会うことはできませんでした。

迎えた催告日、賃借人を除く関係者は時間どおりに集まりましたが、賃借人は姿を現しません。立会人がいるので執行官はすぐに店内に入りたがるかと思いましたが、当日昼の営業を行うのであればそろそろ現れてもおかしくない時間でしたので、少し待ちましょうということになりました。

しばらく様子をうかがっていると賃借人が現れました。ということで、手続開始です。賃借人もこうなることはわかっていたようで、催告と明渡期限の告知等自体はすんなり終わりましたので、執行官が帰った後に私の地上げ屋的（！？）交渉の開始です。イベント日までに自主退去してくれれば滞納賃料（賃料相当損害金）を免除するが、そうでなければ全額回収するといった飴と鞭を使った交渉を続けましたが、「滞納賃料については今度事務所に行ってお話ししたい」に終始し、その場で確約を得ることはできなかったのが残念です。そして、最終的に、任意の明渡しには応じず、断行当日を迎えることになってしまいました。

なお、催告日は基本的に執行官、執行補助者及び立会人しか賃借物件内には入れませんので、もし交渉を行う場合は手続終了後又は別日で行うということを念頭に日程を組んだ方がよいです。

断行当日の余談

結局、断行当日まで賃借人は姿を現さず、断行日を迎えることになりました。明渡断行経験のない執行補助者は、執行官や私からアドバイスを受けつつ淡々と残置物の搬出を的確に行ってくれ、つつがなく明渡断行期日は終了しました。

余談ですが、この日、執行補助者は脱着式コンテナ車と2トントラック1台、作業員も5人用意してくれていましたが、私からは、最後までいくらで受注してくれたのかを聞くことはありませんでした。

体験談 2

建物明渡の強制執行ができない?

弁護士8年目　女性

賃料滞納と建物明渡訴訟

住宅用マンションの賃貸人から、賃料を4か月程度滞納している賃借人がいるので、建物明渡し等の請求をしたいとの相談がありました。

その後、訴訟となり、本人名義で答弁書の提出がありましたが、請求原因は認め、本人の状況について記載する内容だけでしたので、第1回弁論手続で終結し、建物明渡と未払賃料等の支払いを認める判決を得ることができました。

執行官からの指摘

判決後も相手方に任意の明渡しを求めるべく、接触を図ってみましたが、全く対応してもらえませんでした。

そのため、強制執行を申し立て、明渡しを求めることになりました。

執行官面接では、執行官には状況をできるだけ詳しく説明しようと思い、答弁書に書いてあった相手方の主張している事情も伝えました。

実は、答弁書には相手方の体調が極めて悪く、このまま追い出されると死んでしまうかもしれないというような内容が記載されていました。

執行官からは、相手方の体調について尋ねられましたが、特に確認していなかったので、答弁書に記載しているほどとは思えないが確認していないという旨の曖昧な回答になってしまいました。

そのため、執行官からは、「仮にこの答弁書の内容が事実だとすると、執行はできない可能性がありますね。後は行ってみての判断になります」と言われてしまいました。

依頼者には強制執行ができないかもしれないという説明を事前にしていなかったので、相当焦りました。

これまでも建物明渡の強制執行の際に執行官から、賃借人の状況や開錠業者の準備の要否を尋ねられることは知っていましたが、執行ができない場合もあることまではあまり想定しておらず、面接に際しての準備が不足していました。

執行官との面接後、依頼者にこのことを説明し、状況をうかがってみると、債務者が生活している様子はよく見かけるが、通院はしていても、答弁書に書いてあるほど体調が悪いはずはないとのことでした。

やはり心配なので……

事務所に戻って、どのような場合に執行ができないのか裁判例等を調べてみたところ、建物収去命令の事案ではありますが、病気で絶対安静を要する旨の診断があった債務者について、執行不能として期日終了した事案（東京高決昭和41年12月9日判タ206号107頁〔27710682〕）等がありました。

また、専門家が書いていないインターネットの掲示板の書き込み程度のものでしたが、医師に安静を要する旨の意見書を書いてもらって執行を不能とするように振舞うようすすめる記載までありました。

依頼者からの話を前提とすれば、執行不能となることはないと思われましたが、やはり心配だったので、直接債務者に連絡をとり、執行不能となるような事情がないことを聞き取りつつ、可能であれば任意での明渡しも求めることにしました。

まあ、そこまでではないですよ

現地へ行き、債務者に会えるまで粘った結果、債務者と直接話をすることができました。

話をしてみると、債務者からは、通院はしているが、答弁書に記載されているほど、体調が悪いというような状況ではないですよとの言質をとることができ、あわせて任意での明渡しも約束することができました。

その後、執行官には、念のため、債務者とした話を伝えておき、断行となっても、体調面の問題はないはずであることを伝えました。

結局、任意の明渡しは、催告後となりましたが、催告時に在宅していた債務者との話合いの際も、特に執行官も債務者の体調を気にしている素振りはありませんでした。

それ以来

執行官面接で恥ずかしい思いをしたので、それ以来は、執行官面接の前には、執行が不能となるような事情がないかあらためて確認し、必要に応じて依頼者にも確認をするようになりました。

当時、強制執行という手続に乗ってしまえば、あまり問題が生じないという慢心から、事前の準備や勉強が疎かになっていたことを反省し、1つひとつ丁寧に事件、手続に対応することの重要性を再確認した事件でした。

ワンポイントアドバイス

優先させるべきは任意の明渡し！
そして依頼者に十分な説明を！

体験談１においては、手続の進行にあわせて粘り強く任意の明渡しを求めている点が好印象です。特に店舗物件の場合、執行費用も高額化することが多いため、延滞賃料の免除を条件としてでも、任意の明渡しを優先させるべきです（実務上、延滞賃料については回収不能の場合が多いと思われます）。

また、最終的に任意の明渡しが実現できず、断行となった場合でも、依頼者に対する説明と納得という点では、やはり粘り強い交渉を進めておくべきでしょう。

体験談２においては、最終的に執行不能とならず、任意の明渡しで終了できていますが、強制執行に関して少しでも気がかりな点があれば、可能な限り調査をしておくということが重要です。

また、執行に関して障害となる事由が発覚した場合にも、依頼者との信頼関係を維持するためには適宜、依頼者に十分に説明しておくことが必要だと思われます（これは執行の問題に限りませんが）。

Method

17

不動産の明渡し・断行②

▸ 執行の現場には想定外がある！

――執行官面接後、明渡しを求める物件が所在する現場において、催告手続がなされ、催告後に任意に明渡しがなされなかった場合に、現実の明渡執行（断行）となる。そして、現場で想定外の事態が生じた場合、その事態への対応が必要となる。

執行催告

執行官面接で調整した日程で、いよいよ明渡しを求める現場において、催告手続がなされます。物件や債務者によりケースバイケースですが、重要なのは、執行官による占有認定作業です。

執行官は、現地において、まず物件の外から表札や郵便受けに投函されている郵便物を確認します。次に、物件内に立ち入り、そこに存置されている郵便物や公共料金の明細等を確認します。

また、物件内に債務者以外の第三者が所在していた場合、その者から話を聞きます。

上記の情報を総合勘案したうえで、占有者を認定し「占有関係等調査表」に記載します。

認定された占有者が債務名義の者と同一と認定されれば、執行官は、引渡期限と明渡実行日（断行日）を記載した公示書を建物内に貼り付け、催告手続は無事に完了します。

執行官が物件内に立ち入る際、債権者代理人である弁護士が当然に一緒に立ち入ることができるものではありません。物件内に債務者（占有者）が在室していた場合、必ずではありませんが、通常、執行官は、債務者に対し、任意の明渡しについて債権者代理人と話をすることをすすめてきます。この場合は、債権者代理人である弁護士は、物件内に立ち入り、債務者と直接話すことになります。

体験談１のように、債務者名義とは別の占有者が認定された場合、申し立てられた強制執行は、執行不能となって終了します。この場合の対応としては、①新しい占有者に対する明渡し（退去）の債務名義を取得して、その者を加えた強制執行を申立てる方法、②新しい占有者には任意に退去してもらい、占有者が当初の債務名義の者だけになったことを確認したうえで、あらためて、強制執行を申し立てる方法をとることになります。

明渡執行（断行）

建物収去土地明渡事件において、執行催告の段階で、すでに物件内に占有者がおらず、任意退去の交渉ができない状況であれば、明渡執行（断行）当日を待つのみとなります。

他方、建物明渡事件において、上記のとおり、執行催告の際に占有者と会い、断行前に明け渡す意思を示していた場合などは、最終的な任意交渉を行うことになります。

ところで、執行催告の際、執行官とともに執行補助者も物件内に立ち入り、動産の搬出費用を算出していることから、事前に見積りを確認することが可能です。

断行前に任意の明渡し（退去）がなされ、かつ、債務者から残置物の所有権放棄の確認書を取得していれば、執行官に連絡して、断行の中止を申し入れます。この場合、執行費用の削減につながりますので、債務者が任意に明け渡す可能性がある場合は、遅くとも断行の前日までに物件の現状を確認すべきです。

体験談 1

占有者の確認は念入りに

弁護士 4 年目　女性

管理会社を通じての高齢の依頼者からの依頼

東京弁護士会の法律相談センターに、管理会社の担当者とともに相談されて、その後依頼されたのは、高齢の女性でした。

依頼内容は、建物収去土地明渡事件でした。同行していた担当者から今までの経緯を聞くと、東京 23 区内の土地において、借地人の女性が一軒家を建てて息子とともに居住していたところ、その女性が亡くなり、その後、建物を相続した息子 1 人での居住となり、いわゆるひきこもりの様子で定職に就いている雰囲気もなく、1 年半ほど前から借地代が未払いとなっている、とのことでした。

その後、管理会社の担当者とともに現地に出向いたところ、2 階建ての木造の建物で、借地人が暮らしていると思われる 1 階部分は、窓から覗く限り、いわゆるゴミ屋敷状態でした。2 階部分には、外階段から上るようになっており、実際に 2 階に上ったところ、ドアが 2 つあり、アパートのような雰囲気もありましたが、表札もなく、電気のメーターも（ほとんど）動いていませんでした。

依頼者及び管理会社の担当者から借地人が 2 階部分を他人に貸してい

るとの話もなく、築40年以上の老朽化した建物の2階部分に人が住んでいる雰囲気もないことから、この建物に居住し、占有しているのは借地人のみと判断して、保全の要否を検討のうえ、保全を行わずに訴訟提起へと進みました。

まさかの執行不能

送達の関係から、判決から約3か月が経過した時点で、いよいよ執行官や執行補助者と連れ立って、明渡催告のために現地に出向きましたが、1階に居住している借地人（債務者）は不在でした。1階にて、執行官らと一緒に借地人に対して呼びかけていた際、誰もいないはずの2階の一室から人が出てきました。

執行官が聴取したところ、その2階の住人は30年以上前から借地人の母親（亡くなるまで借地人かつ建物所有者）から部屋を賃借して居住しており、日中は仕事で外出しているため部屋にいないが、執行当日はたまたま仕事が休みで在宅していた、とのことでした。

これを受けて、執行官は、建物及び建物の敷地につき、借地人（債務者）と2階居住者の共同占有であり、債務者の単独占有が認められないことから、執行不能として明渡催告が終了となりました。

交渉によって解決に至る

執行不能となった事態を依頼者に説明したところ、「そういえば、2階に賃借人がいたかもしれない」とのことでした。そこで、私は依頼者に、今後、一定の金員を支払って任意に立ち退きを行う交渉が必要であること、この交渉に応じない場合は、あらためて訴訟を行う必要があることの説明と提案を行い、この提案について、快諾をいただけました。

その後、2階居住者が金融機関から融資を受けて土地を買い取る話があったものの、結局、融資を受けられなかったことから、任意で退去いただき、再度、強制執行の申立てを行い、無事に建物収去・土地明渡の執行が完了しました。

なお、管理会社の担当者は建物２階の賃貸について知らなかったものの、依頼者自身は、昔から２階に賃借人がいたことを知っていたが、私から聞かれなかったから言わなかった、とのことでした。そこで、私が依頼者に対して建物の構造や賃貸の有無を聞いたり、また、現地を確認した際、電気のメーターがわずかでも動いていたことを気にしていれば、最初の訴訟提起前に、２階居住者の存在に気づくことができたと思われます。いかに建物が老朽化していて、人の気配がなくても、強制執行を見据えた訴訟提起前の現地確認は、念入りに行うべきであったと反省した次第です。

体験談２

建物明渡執行の現場には何がある？

弁護士７年目　男性

建物明渡執行現場は“揉め事”の縮図？

弁護士の日々の業務では「何が起こるかわからない」ものですが、保全や執行の場面、特に不動産関係事件の「現場」で起こることは、なかなか予想できないものです。臨機応変な対応を求められることはもちろんのこと、時には周囲の人間や自身の身の安全を図ることも必要になります。

住宅として貸したはずが……

始まりは賃料滞納に端を発する「普通」の建物明渡請求事案でした。借主は個人の女性、物件はマンションの一室、駅から徒歩３分ほど、目的は居住用、保証人は付けず保証会社利用（近時、貸主の立場からも保証会社利用が進んでいると思います）でした。

ただし、この種の事案としては特徴的な点がありました。契約時に先払い分の「家賃」が支払われたのみで、その後の家賃は１回も支払われていないのです。賃料の滞納は、弁護士にとっては日常的なことですが、最初から、（事実上）１回も家賃が支払われないというのは、そう多いことではありません。

相談が持ち込まれたのは、賃料滞納が３か月に及んだときでした。本人への連絡もつきにくいということで、すぐさま訴訟を前提として、賃料請求、支払い催告、解除予告の通知文を内容証明郵便で発送しました。この通知文は、問題なく配達が完了しましたが、本人からの連絡はありません。そこで、解除予告期間経過後、間をおかず、建物明渡を求める訴訟を提起しました。

幸いなことに訴状送達も問題なく完了しましたが、訴訟においても本人は何らの対応をすることなく、弁論終結。明渡しを認める判決がなされ、手続は執行の段階へと移ります。

執行を申立て、執行官面接で明渡催告日を決定、当日を迎えました。予定時間の30分ほど前に現場に到着、ほどなく執行官、立会人、執行補助業者が揃い、明渡催告が始まります。執行官が玄関チャイムを鳴らし、「裁判所です。○○さん、いませんか？　」などと声をかけても応答がないため、解錠・開扉のうえ、建物内に執行官が入ります。

すると……室内にあるのは、簡易な折り畳みベッドや簡単な照明器具。そして、さまざまな「衣装（コスチューム）」に、「サービスメニュー表」……。この部屋は、「風俗店」に様変わりしていたのです。これには、執行官も苦笑いですが、全くないような事案ではなく……。

弁護士としては、建物のオーナーに説明する内容を頭で考え始めているところですが、執行手続としては、粛々と断行日を調整、決定し、執行官が室内に催告書を貼付、掲示して終了となりました。

おそらくは、借主の女性が個人で営業しているというよりは、ある種の名前貸しで部屋を借り、そこを風俗店にして、いろいろな人が出入りしていたのでしょう。

室内の「荷物」はどうなる?

不動産の明渡執行において、荷物の搬出費用、保管費用は極めて頭の痛い問題です。

本件のような「この手のパターン」では、「日銭商売」の占有者も心得たもので、断行日直前までは営業を継続するが、断行日には「商売道具」を持って、部屋を出て行ってしまうケースがままみられるとのこと……。

“下手な居座り事案”“大量の荷物の放置事案”よりもマシ、という割り切りも必要なのかもしれません。実際、断行日に現場に行ってみると、室内はもぬけの殻になっていました。

弁護士としては「賃貸借契約における目的外使用」などのタームも頭に浮かぶでしょうが、予想外の状況に出くわしたとき、必要になるのは、何を最終目標としている手続なのかを常に意識していることと、事案の個性・業界の特徴などを学ぶ姿勢ではないでしょうか。そして、その学びは、弁護士からだけではなく、各々の専門家の知見・経験に触れる機会を持つことで得られていくように思います。

どこからが「想定外」?　／安全確保も重要な仕事

保全執行に関する本書において、建物明渡の場面について書こうとすると、その事案は必然的に、訴訟の過程を含め、被告（借主）とのコミュニケーション（訴訟上、主張を闘わせることを含む）がない場合が多くなります。原告・被告間のコミュニケーションがある場合には、和解等を通じ、執行手続によらずに任意の退去が実現することも少なくないからです。

すなわち、建物明渡の執行は、これまでコミュニケーションがほとんどない相手方と、現場、すなわち裁判所でも法律事務所でも弁護士会館でもない場所で、はじめて直接的に顔を合わせる（可能性のある）場面であるといえるのです。今でも緊張感を持つ場面ですが、特に弁護士になりたての頃は、法廷とは異なる緊張を感じるものでした。

その事件では、マンションの一室の家賃滞納が問題となっていました。借主は株式会社でしたが、社長１人でやっているような会社で、どうやら“いかがわしい商品”の通信販売をしているようでした。

被告出頭のないまま弁論が終結し、明渡しを認める判決を得ました。このケースでは、判決を得てはいたものの、任意退去の可能性を探るため、何度か連絡を試みたのですが、結局、相手方と話をすることはできず、執行申立に至りました。

明渡催告日、急遽別件で現場に来られなくなったボスに代わり、私１人で執行官、立会人、執行補助業者と合流し、件の部屋に向かいました。執行官が玄関チャイムを鳴らしても応答はなく、執行官が立ち入ります。そして、執行官の許可を得て、私も室内に入り、室内の様子を確認し、断行時の業者費用のことなども頭に浮かんでいたところ、玄関の外から「誰ですか！？　」という男性の声が……。あれだけ、こちらからの連絡を無視し続けていた借主会社の社長でした。

まずは、執行官が、判決に基づき東京地裁から来た執行官であることなどを述べていきます。社長の男性は「裁判所」の権威の前に大人しくしてはいますが、駆け出しの弁護士の目にも、男性の目つきの悪さは明らかです。

やがて、執行官から「先生、債務者と話されては……？」と声がかかり、気を張って「任意に出て行かないのなら、このまま粛々と明渡しの断行までいく。どうするつもりか」と尋ねると、「いや、出ていきます。

ちゃんと出ていきます」と答える男性。私は「これまで散々連絡を無視しておいて、にわかに信じるわけにはいかない。携帯電話の番号を教えるように。出ていくというなら、それはいつであるか」などと男性を問い詰めます。

結局、男性は自身の携帯電話番号とともに、出ていく予定の日を口にしましたが、こちらも、それに期待しているわけでもありません。

執行官により断行日が決定され、その場は解散となりました。ちなみに、この件では、結局、男性が口にした予定の日に任意の退去がされることはなく断行の日を迎えましたが、幸い、さしたる混乱もなく断行は完了しました。

執行現場には、執行官や立会人、執行補助業者などもいますが、債権者の代理人としてその場にいるのは、弁護士だけです。この件では“刃傷沙汰”など物騒なことには至りませんでしたが、切羽詰まった債務者が突発的な行動に出る可能性も否定できません。執行官ら関係者と連携をとりつつ、毅然とした態度をとることは当然ですが、自身の身を守る意識は持っておくべきでしょう。

ワンポイントアドバイス

想定外を想定しろ！
そして依頼者への説明は怠るな！

訴訟前の保全の段階、訴訟提起時、強制執行といったさまざまな段階で確認や準備をしていても、強制執行、特に催告の段階では、想定外の事態が生じ得ます。

執行の現場においては、執行官、立会人、執行補助者らも一緒ですが、実際に、債務者や同居人、新たな占有者その他素性不明な第三者がいた場合、執行官は執行手続に必要な範囲で対応するのであって、任意での退去（明渡し）の話合いや、そもそも債権者（賃貸人等）に対する苦情等への対応については、債権者の代理人である弁護士が直接対応することになります。この際、想定していなかった主張が相手方からなされた場合、それに対応する必要が当然生じます。

また、想定外の事態が生じた場合、明渡し（退去）が完了する時期が遅くなったり、費用が増えることになったりしやすいので、どのような事態が生じているのかにつき、依頼者に丁寧に説明を行い、納得してもらうことが依頼者との無用なトラブルを防ぐ観点からも大切です。

Method

18　債権執行

債権執行を侮るなかれ、また、恐れるなかれ！

――執行手続において、もっとも利用されているであろう、債権執行。しかし、債権者・債務者の状況はどれ１つとして同じではない。差押命令が出たとしても、その後の処理は各々異なるのである。簡単に済むと思うと足をすくわれるが、非定型的な債権執行であっても丁寧に取り組めば、うまくいくものである。

債権執行とは

債権執行手続は、債権者が、債務者に対して有する債務名義・担保権に基づき、債務者の第三債務者に対する金銭の支払いを目的とする債権等を差し押え、これを取立て・転付命令などの方法で換価し、自己の債権に充てるという、債権回収手続です。

手続の流れ―申立て

債権執行手続は、申立て、発令、取立て、という流れで進みます。

申立ては、債務者の住所地を管轄とする裁判所に対し、債権者・債務者、第三債務者、債務名義、差し押さえるべき債権の種類及びその額その他債権を特定するに足りる事項を記載した申立書によって行います(民事執行法133条)。

債務名義は、確定判決や、和解調書、調停調書のほか、公正証書や支払督促も含まれます（同法22条）が、これらの債務名義が確定したこと（確定証明書)、債務者に送達されていること（送達証明書）等、執行開始要件を満たしていることを証する文書もとり揃える必要があります。

また、執行文の付与は原則として必要ですが、仮執行宣言付支払督促など、一定の場合には不要とされていることにも注意しましょう。

債権目録の書き方は、その債権ごとにさまざまに異なっており、慣れないうちは戸惑いますが、目録の記載例をたくさん挙げている文献もありますので、そういったものを参照してみてください。

手続の流れ―発令

申立書に不備がなければ、裁判所から債権差押命令が発令されます。

この債権差押命令の効力は、債務者への送達の有無ではなく、差押命令が第三債務者に送達された時に発生します（民事執行法145条4項)。

この効力によって、債権者は、債務者に差押命令が送達された日から1週間が経過すれば、差押債権を第三債務者から取り立てることができます（同法155条1項)。この期間は、令和元年改正により、給与や、生計を維持するために支給を受ける継続的給付にかかる債権への取立てについては、4週間とされましたので、注意が必要です（同条2項。ただし、差押債権者の債権が、養育費等、同法151条の2第1項各号に掲げた債権であるときは従前どおり1週間)。

債務者は、差押命令の効力により、自ら取り立てることも、免除や相殺することも禁じられます（同法145条1項)。

第三債務者は、差押債権については債務者への弁済を禁じられます（同項）が、差押え時に債務者に主張することができた抗弁については、債権者に主張することができます。

手続の流れ―取立て

差押債権の換価方法は、取立てのほか転付命令や譲渡・売却命令などがあります。

差押債権者は、第三債務者に対し、差押命令の正本及び差押命令の送達通知書を示して、取立権の証明を行い、第三債務者はこれに応ずることとされていますが、具体的な支払い方法については明文の規定がありません。第三債務者との協議によって、回収していくことになります。

体験談 1

給与が差し押さえられたら

弁護士３年目　女性

高給取りだけど養育費は払わない

高校生と中学生の子どもの母親である依頼者から、元夫が養育費を一切支払わない、という相談がありました。

元夫は、給与も賞与もそれなりの金額であり、子どもたちとの面会交流もしているそうで、子どもたちの話によると、会うたびに新しい携帯電話を持っていたり、高価なプレゼントを持ってきたりするということで、母親としてはそんなことより養育費をきちんと支払ってほしい、と苦々しい気持ちでいるとのことでした。
履行勧告も何度もしているとのことで、いよいよ、給与を差し押さえることになりました。

勤務先企業の反応

元夫の勤務先はわかっていますし、調停での離婚成立でしたので、差押えの手続自体は、スムーズに進みました。
差押えが効力を生ずると、先に連絡が来たのは、勤務先企業の担当者からでした。
社員が給与を差し押さえられた経験があまりなかったとのことで、「今後どうしたらいいですか」と不安げな様子。私は、兄弁から忠告されていたとおり、裁判所の命令であり、差し押さえた分を本人に払ってはいけないことを説明するとともに、差押えを受けたことを理由に解雇してはいけない、と釘を刺しました。兄弁曰く、上場企業ならいざ知れず、小さな会社だと、そういった理由で本当に解雇してしまう例もあったそうで、「雇用関係がなくなると差押えも無意味だし、何より債権者も債務者も困ることになり、いいことがない、厳しく言っておけ」とのことでした。
担当者は、さすがに解雇してはいけないことは知っていましたが、制度の話ではなく、いくら払ったらよいかがわからないとのこと。金額さえわかればご協力いただけるとのことだったので、事務所のベテラン事務に手伝ってもらって計算し、毎月の給与及び賞与からいくら差し押さえたらよいか、表をつくって送ることにしました。
差押えを受けた企業の担当者が、差押金額の計算に悩むということは多いようです。私は、この件以降、継続的な差押えについては、表をつくって送るようになりました。特に、数年後に第一子が成人して金額が変わるとか、最終年月がいつか、というようなことは失念しがちなので、送っておくと安心です。

なかには、「うちだって給与の前貸ししてるんだ」とか、「欠勤ばかりでこんなに払えない」とか、お怒りの会社担当者にどやされることもありますから、はじめての給与差押えのケースとしては、よい会社だったと思います。

債務者（元夫）の反応

元夫からも連絡がありました。「給与を差し押さえられたんじゃ困る」「取り下げてくれ」「どうしてくれるんだ」等々。

もちろん、依頼者に取り下げる意向は全くありません。

幸いに、この方の給与はかなり高額でしたので、33万円は手元に残ることがわかっており、生活できなくはないと思われたので、養育費の趣旨を説明したり、今までの履行勧告にもかかわらず支払いをしなかったことや、算定額が高いというのであれば減額調停もできたはずであることなどを指摘し、「子どもたちのためには優先して払うべきお金なのでは」とお話すると、黙り込んでいました。

差押えを受けた債務者が、給与も満足に入らないなら、と会社を辞めてしまうことも散見されます。「辞めないでくださいね」と言いたいのはやまやまですが、言ったことでかえって「辞めればいいのか！　」と気が付いてしまうと困るので、それは言えません。

差押えをしたら、この債務者は退職してしまうのではないか、という点は、申立ての際に検討しておくべきことだと思います。

債務者の年齢、現在の待遇、転職のしやすい業種かどうかなどは、退職の可能性に影響します。依頼者である債権者の予想もうかがいつつ、そういったリスクがあることは説明しながら、申立ての準備ができるとよいでしょう。

その後、この方は、今日まで会社を辞めることなく、差押えは継続しているとのことです。

体験談 2

時期の接近した再度の債権差押え

弁護士８年目　男性

１回目の債権差押え（転付命令）の後、依頼者から２回目の依頼

２年以上前に債務名義を取得した案件について、当時は相手方財産が見つからなかったものの、預金口座が発見されたということで債権差押えを行うことになりました。

対象となる預金口座は２つあったのですが、うち１つは債務者がその顧客から自動引落しで集金した売上げが入る口座でした。債務者の関係者による妨害も予想されたため、通常の債権差押えではなく転付命令の方法とすることにし、期日指定送達の上申書を付けて、集金直後の日付を狙って差押えを行いました。

900万円弱の請求を２つの口座に半額ずつ割り付けて申立てをしたところ、片方は５万円程度しか残高がなく、もう片方は満額差押えが成功しました。

通常であれば債務者もすぐに当該口座から残余金を引き出すために再執行は困難です。しかしこの件においては、対象口座が自動引落しの集金口座となっていたため、すぐには自動引落し契約の解除ができないのではないかという話になりました。このため依頼者から、翌月の引落し日にあわせて再執行をしてほしいとの追加依頼がありました。

取立て前に空振り部分の取下げはできない！？ 転付命令でよかった！

すぐに再執行の準備に取りかかりましたが、1回目の執行で空振りをした部分を取り下げなければ再執行できないのではないか……という悩みにぶつかりました。5万円程度とはいえ一部刺さった部分があるため、取立てを完了しなければ残部を取下げできません。間に合うのかと焦り始めたところで、「そうだ、今回は転付命令にしていたのだ！　」ということに気が付きました。転付命令の場合には被転付債権が債務者から差押債権者に移転し、第三債務者に命令が送達された時に代物弁済されたものとみなされます。つまり確定時点で回収扱いとなり、取下げは不要になる（できない）のです。

また、転付命令確定後でも対象債権が不存在だった部分については、そのことを第三債務者の陳述書等で証明すれば再執行ができます。裁判所にも確認した結果、執行文の再度付与を受けるか、1回目の執行で使用した債務名義を還付申請で回収し使用すれば、再執行をすることができるということでした。裁判所によっては後者の取扱いをしていないところもあるようですが、東京地裁民事第21部では認められています。

このような経緯と思考回路で、1回目執行の取立てを行う前に再執行の申立てをしたのですが、重大な見落としがあったことに後ほど気づくことになります。

遅延損害金の終期と再執行の始期

本題に戻る前に、再執行の申立ての際、遅延損害金の始期と終期について悩みましたので、この点についても紹介します。

東京地裁では、第三債務者の遅延損害金計算負担を排斥するため、申立ての日までに限定して遅延損害金の請求金額を確定させる取扱いとしています。

この点、別手続で申立ての日以降の遅延損害金を充当できるか否か問題となりますが、最三小決平成29年10月10日民集71巻8号1482頁〔28253665〕は、この点について支払日までの遅延損害金充当を認めました。

私が担当した事件では、1回目差押えを転付命令で行ったため、送達日を支払日としました。なお、再執行を行う際は、充当内訳を表示するよう指示を受けました。

自らの差押え2本で差押競合状態に！まさかの供託

2回目の転付命令が発令され、やっと取立てができると思った矢先、到着した第三債務者の陳述書を確認したところ法務局（それも都外）に供託の文字がありました。驚いて第三債務者である銀行に確認をしたところ、確定証明書を受領していない状態で2本目の執行があったので、供託扱いにしたとのことでした（民事執行法156条）。自分の差押え同士で差押競合類似の状態を招いてしまったのです。

その後、弁済金交付の手続、法務局への払渡請求を行いましたが、供託金を代理人口座に入金するには弁護士個人の役所発行の印鑑登録証明書が必要（供託規則26条2項）など、余計な手間と時間がかかってしまいました。急いでいたとはいえ、きちんと確認しておけばと反省する結果となりました。

体験談 3

預金残高がなくても 預金差押えを断念するべからず

弁護士９年目　女性

債務者の預金調査の開始

私が原告代理人を務めた株式会社間の金銭支払請求訴訟において、被告に約 500 万円金銭支払義務を認める旨の和解が成立したものの、弁済期になっても金銭が支払われなかったケースがありました。

被告代理人に連絡を入れたところ、当初は「本当ですか？　すぐに支払うよう依頼者に伝えておきます」と協力的な姿勢でしたが、それでも支払いは行われず、被告代理人とも連絡がつきにくい状態に陥りました。依頼者と協議の結果、被告の預金差押えを進めることになりました。

差し押さえるべき口座の調査開始

差し押さえるべき口座を調査するときは、相手方のホームページに取引先金融機関が載っていないか調査したり、弁護士会照会を利用してメガバンクやゆうちょ銀行の支店名や預金残高を調査する手法がオーソドックスではないかと思います（本件は令和元年改正民事執行法施行前の事案でしたが、改正法施行後であっても、なおも効果的な調査方法であると考えます）。また、過去、相手方と取引した口座があれば、それも差押え対象の候補に挙がるでしょう。

本件でも、被告会社のホームページを見ると、会社概要欄に某メガバンクの某支店（以下「A 銀行 A 支店」といいます）が取引金融機関として記載されていました。そこで、A銀行を含め、各メガバンクに弁護士会照会をかけてみたところ、確かにA銀行A支店に預金口座は存在していましたが、残高はわずか数万円程度にとどまるものでした。依頼者としては、預金口座がほかにあるとは思うものの、数万円であっても確実に差し押さえたい、取引銀行なのだから差押えの時点では預金残高が増えている可能性もある、ということで、A銀行A支店に対する預金差押えを行うことにしました。

預金差押えは空振り！　しかし任意弁済が行われた！

A銀行A支店に対する預金差押えを申し立てたところ、当該銀行からの陳述書には、「預金残高数万円」「貸付金と相殺のため、弁済の意思なし」と記載されていました。預金差押えとしては失敗の結果になったといえます。

差押えは空振り、次の一手をどうするかを考えていたところ、数日後に被告代理人から「全額を直ちに弁済します」という連絡がありました。任意弁済を行う考えに至った理由を聞いたところ、被告会社にはA銀行A支店から借入れがあったところ、差押えを受けたことで当該銀行から厳重注意を受け、とにかく弁済するよう強く指導された、ということでした。

預金残高が少ない口座であっても、会社と当該銀行の関係性によっては、差押えを行うこと自体に意味があり、任意の弁済が期待できるケースもある、ということを知った貴重な体験であったといえます。もちろんケースバイケースだとは思いますが、預金残高が少ない場合であっても、差押えをすべきかどうか、検討を行う価値はあるのだと思います。

体験談 4

判決、和解調書以外を債務名義とする債権執行

弁護士８年目　女性

公正証書で給料を差し押さえたいです！

事務所の兄弁が相談を受けて共同で担当した件でした。依頼者は、「すでに貸金について債務弁済契約公正証書をつくってあるが、音信不通になって支払いも止まっているので回収を依頼したい、相手の勤務先はわかっている」ということでした。ご自身で調べて公正証書をつくっていただけのことはあって執行認諾文言は付いていましたが、持参した公正証書は謄本であり、公正証書正本も債務者に送達されていない状況でした。また、相手の現住所は不明ということでしたので、さっそく、現住所調査、公正証書正本取得申立、執行文付与申請、正本送達及び送達証明書申請を行うことになりました。

このように、公正証書を債務名義とする強制執行は、執行認諾文言の記載があるだけではなく、正本への執行文付与、正本の送達及び送達証明書が必要です。必要な手続としては判決や和解調書と同じなのですが、公正証書の場合は特に作成から執行まで時間が経っていることが多いので、いざ執行というときに手続に時間がかかるケースも多くなります。相手方の住所が変更されている可能性も高くなります。

なお、訴外和解等で公正証書作成段階から受任する場合には、公正証書作成時に公証役場で正本交付申請と送達申請を済ませておくのがスマートです。また、公正証書作成段階では、比較的相手方とも対立しておらず普通に世間話ができることが多いので、何らかの理由をつけてそれとなく勤務先や預金口座を聞いておくことをおすすめします。

上記のとおり公正証書の場合は作成から執行まで時間が経っていることが多いため、判決や和解調書を債務名義とする場合と比べて、遅延損害金の計算や執行費用として計上する項目のチェックも煩雑になりがちです。訴状作成時もそうですし、公正証書による執行プロパーの問題ではないですが、遅延損害金の計算の際は「うるう年」には気を付けましょう。

幸いにも、この件では相手の勤務先は変わっていませんでしたので、毎月勤務先とやり取りしながら満額に近い額を回収することができました（余談ですが、債権回収案件を受ける際は、分割払いとなった際の金銭管理の手間を見据えて成功報酬割合を決めることもおすすめします）。

仮執行宣言付支払督促に基づく差押え

通常、債務名義取得のために支払督促申立を選択することはないでしょうし、依頼者の予算や交渉に乗ってこないときの様子見として支払督促を申し立てた場合でも、督促異議を出されることが多いといえます。そのため、仮執行宣言付支払督促を債務名義として債権執行を申し立てる場面は限定的ですが、新型コロナウィルスに関する緊急事態宣言が発令された場合等、一部の事件以外裁判所の期日が入らないときに仮差押え後の債務名義取得手段として用いることがあり得ると思います（Method 07 体験談 4 参照）。私は、緊急事態宣言発令中の債権回収手段として支払督促申立を選択したほか、相当のわきまえのある者が支払督促を受領することを期待したケースで支払督促申立を行い、債務名義取得・債権執行を行ったことがありました。

債権執行申立書の記載や添付書類については、特に判決、和解調書と違いはありません。

判決、和解調書以外の債権執行も怖くない

結局、債務名義の正本を取得して執行裁判所に提出できる状態にあり、かつ、正本が相手方に送達されているのであれば強制執行は可能ですので、判決や和解調書以外を債務名義とする債権執行について特別な知識は必要ありません。

依頼者は、勝訴判決の獲得もさることながら、実際に債権を回収できた方が当然喜びますので、判決や和解調書以外の債務名義であっても積極的に資産調査や債権執行を行ってはいかがでしょうか。

ワンポイントアドバイス

第三債務者は敵ではない

事務所によっては、なかなか債権執行の機会がなく、記載方法や提出書類の種類などで不安に思うこともあるかもしれませんが、申立て自体は、書類が揃いさえすれば比較的簡単です。

それよりも、差押命令が発令され、送達された後の第三債務者とのやり取りの方に注意が必要です。専ら協議により進められていくので、今後のやり取りが困難にならないように注意しましょう。

体験談では、支払い金額等を第三債務者に連絡し、協力関係の構築に成功した例や、第三債務者の意向によって任意の支払いを受けた例が挙げられています。

転付命令についても、第三債務者との連絡を密にしておけば、トラブル回避のヒントが得られたかもしれません。

状況はそれぞれ異なりますが、第三債務者としても、突然裁判所から「支払うな」という命令を受けるわけですから、対応に困っていることも多いのです。

ご迷惑おかけしましたね、ご協力ください、というスタンスで積極的に関わっていくことで、第三債務者を味方につけると、債権回収がうまくいくかもしれません。

Method

19

財産開示手続など

▸ 財産開示制度を見直そう、情報取得手続を使い倒そう

――平成15年の民事執行法改正により新設された財産開示手続だが、令和元年改正により、大きく改正されるに至った。また、令和元年改正によりあわせて第三者からの債務者財産にかかる情報取得手続が新設された。

令和元年改正前の財産開示制度

平成15年の民事執行法改正により財産開示制度が導入されましたが、①債務者が応じない場合の制裁が弱いこと、②財産開示されるとしても債務者の申告をそのまま財産目録にするだけで、申告内容の真正を担保する手段が過料の制裁にとどまること、③金銭債権にかかる債務名義であっても財産開示を申し立てられるものはその一部に限られるなど、使い勝手の悪さが指摘されていました。

実際、平成30年の司法統計によると、財産開示手続の申立ては全国で新受件数がわずか578件でした。例えば、福井、富山、鳥取、松江、青森、函館及び釧路の各地裁は各1件、和歌山、旭川、高松、高知の各地裁は各0件など地域によっては極めて低調です。

令和元年改正後の財産開示制度

そこで、令和元年改正により、申立てが認められる債務名義の種類が拡大され、全ての執行力のある金銭債権にかかる債務名義であれば、申立てが可能になりました（民事執行法197条1項柱書）。

さらに、債務者が応じない場合の制裁が、改正前は30万円以下の過料にすぎなかったところ、刑事罰をもって臨むこととし、具体的には6か月以下の懲役又は50万円以下の罰金が科されることになりました（同法213条1項5号）。今後実際に刑事罰が適用される運用になるか否か、本稿執筆現在（2020年10月）はまだ状況がわかりませんが、仮にこれが実際に運用されるようであれば、債務者の出頭や真正な申告が確保されるものと考えられます。

なお、報道によれば、2020年10月20日、財産開示手続で裁判所の出頭命令に応じなかったとして、はじめての検察官送致（書類送検）がなされたとのことです。

令和元年改正により導入された
第三者からの債務者財産にかかる情報取得手続

令和元年改正により、第三者からの債務者財産にかかる情報取得手続が、財産開示手続とは別の制度として新設されました。

内容は、①不動産に関する情報取得手続、②給与債権に関する情報取得手続、③預貯金債権等に関する情報取得手続に大別されます。

①不動産に関する情報取得手続

これまで、債務者が所有する不動産に関しては、債務者の住所地以外の不動産の有無を確認する手段が事実上ありませんでした。しかし、令和元年改正により、不動産に関する情報取得手続が設けられることになり、自宅以外の不動産の資産を所有する債務者に対する執行の実効性確保が期待されるところです。

②預貯金債権等に関する情報取得手続

これまで、金融機関に対する債務者の口座の照会は、弁護士法23条の2に基づく弁護士会照会により行われていましたが、今後は、この情報取得手続が活用されるようになるかもしれません。もっとも、従前の弁護士会照会でもある程度の回答を得られるケースが多かったので、今後、本制度を利用するようになるのか弁護士会照会を利用するのか、弁護士自身が選択することになるものと思われます。

③給与債権に関する情報取得手続

これまで、債務者の勤務先を確認する手段は事実上ありませんでしたが、令和元年改正により、養育費等にかかる請求権又は生命・身体の侵害による損害賠償請求権について一定の債務名義を有する債権者に限り、市区町村等に対して情報提供を求めることができる給与債権に関する情報取得手続が設けられることになりました。これは従前は収集が困難であった情報を入手できるツールなので、実務に大きな影響を与えるものと思われます。

体験談 1

ダメ元で申し立てた財産開示（※令和元年改正前の事案）

弁護士８年目　男性

財産開示申立に至る経緯

交通事故の被害者から、自賠責・任意保険に未加入の加害者に対する損害賠償請求の依頼を受けました。任意交渉では全く応答がなかった加害者でしたが、訴訟の期日には出頭してきたので、その場で分割で支払う内容で和解をしましたが、勤務先等の情報は得られず、もともと支払いの確実性には疑問がある相手方でした。案の定、しばらくすると、その後の支払いがなくなりました。

そこで、弁護士法23条の2に基づく弁護士会照会により、メガバンク等4行、地元の信金3庫、ネット銀行2行に照会をしましたが、いずれも取引なし又は残高なしとなりました。

交通事故の相手方のため勤務先等も不明で、自宅も第三者所有の賃貸物件のようでした。

不出頭の制裁の弱さ

依頼者とも相談しましたが、弁護士費用特約が付いていて諸費用が保険で賄われることもあり、依頼者からはできる手続を全て尽くしてほしいという要望があったため、財産開示を申し立てることになりました。

財産開示手続は、開示義務者が出頭しなくても30万円以下の過料の制裁しかありませんでした（※令和元年改正で変更あり）。そのため、相手方が出頭しない可能性が高いと考えていました。

なお、この点は、前記のとおり、令和元年改正により、不出頭に対する刑事罰が定められるようになり、今後、出頭率は高まるようになるのかもしれません。

期日当日と後日譚

申立ては無事受理され、裁判所から債務者に事前に財産目録の提出が求められました。しかし、債務者からは、期限までに事前提出もなく、裁判所への連絡もなかったと聞いていましたので、無駄足になるかなと思いながら、裁判所に向かいました。

ところが、裁判所に行ってみると、債務者が当日出頭したとのことで、その場で裁判所が用意した書式（財産目録）に記入してもらい、裁判官・書記官・債権者代理人・債務者が集まり、手続が始まりました。

目録には、「勤務先」の記載がありましたので、具体的な関係を聞こうとしましたが、債務者本人自身も明確にわかっていないようで、説明された内容を聞く限り、雇用契約ではなく、下請け関係のような話でした。

預金も記載がありましたが、数千円程度とのことであり、それを裏付けるような資料の確認もなく、単に本人の申告に基づくものでした（後日念のために当該口座の残高を弁護士会照会により確認しましたが、実際にその程度の額でした）。

その他には差押え可能なめぼしい財産はないようでした。

ただ、せっかく債務者本人と直接コンタクトがとれる機会でしたので、手続後に債務者本人と話をして、支払いの段取り等も相談しましたが、「金がないのですぐには支払えない」の一点張りであり、当日の着衣に会社名が入っている等の手がかりもなく、それ以上の確認ができませんでした。

案の定、その後も支払いをしばしば怠っていましたが、しつこく督促を重ねて、約１年半後に最終の金額を回収して無事事件が終わりました。

本事案では、粘り強い交渉がポイントとなりましたが、令和元年改正後の同種事案については、引き続き実効性の有無を検証したいものです。

体験談 2

意外と大変だった書類（※令和元年改正前の事案）

弁護士８年目　男性

意外な不奏功要件

とある事案で財産開示手続を申し立てることになりましたが、申立ての準備のために手続を調べてみると、意外なことに、不奏功要件があることが判明しました。

そもそも債務名義に基づく支払いがない債務者の財産を調査する手続にもかかわらず、知れている財産に対する強制執行又は担保執行を実施しても、申立人がその金銭債権の完全な弁済を得られないことの疎明があったとき等にのみ申し立てられるという不奏功要件があったのです。

一応、住所不動産の登記、事前に銀行等の口座を確認していましたので、「財産調査結果報告書」として、①不動産…居住地の不動産は第三者名義、その他に知れる不動産なし、②債権…給与は知れる勤務先なし、預貯金の照会結果、その他知れる債権はなし、③動産…換価に値するものは知れず、といった内容で整理して申立書に添付しましたが、銀行の照会結果を１行ずつ添付する必要があるなど、添付書類は大量になりました。

もっとも、不奏功要件はあまり厳格に運用されているわけではないようで、ある程度の調査で実際には足りるようです。

間違えやすい請求債権目録の表現

また、請求債権目録も予想外に表現が難しく、提出後に裁判所から補正の指示がありました。債務名義となったもともとの和解条項が、「(1)被告は、原告に対し、本件債務として金50万円を支払え。(2)被告は、原告に対し、前項の金員を次のとおり分割して、毎月末日限り、○○の口座に振り込む方法により支払う。○年○月から○月まで○円。(3)被告が、前項の分割金の支払いを怠り、その額が○万円に達したときは、当然に期限の利益を失い……」といった内容でした（※その場で調停委員が裁判所の和解条項フォーマットを使用したため、第1項が通常よく使われる確認条項の表現とは異なっています）。

典型的な請求債権目録のサンプルを使用しようとしたところ、変更しなければならない点が何点もあることがわかりました。本件では一部弁済があったので、単なる「元金」ではなく「残元金」とし、その注として括弧書で「一部弁済があったため、和解条項第2項記載の金員の一部となる」と和解条項の第1項ではなく第2項を指摘するようにと書記官から指示されました。

さらに、損害金についても、分割金の懈怠による期限の利益の喪失について条項どおり毎月末日をそのまま基準としていたところ、民法142条により休日の場合は期限が翌日になるといわれ、カレンダーと照合しながら、損害金の注として「なお、債務者は○月2日及び○月1日限り支払うべき各金員の支払いを怠り、その額が6万円に達したので、○月1日の経過により期限の利益を喪失した（和解条項第3項）」（※1つ目の期限は前月末から翌月2日までが休日や祝日で、2つ目の期限は前月末から翌月1日までが休日や祝日でした）との付記をすることになりました。

請求債権目録については、書記官から細かい補正の指示がくることは珍しいことではありません。指示に従い、丁寧に対応していきましょう。

体験談3

はじめての第三者からの情報取得手続

弁護士5年目　男性

第三者からの情報取得手続って何？

債務者に対して、すでに債務弁済公正証書を持っている依頼者が事務所にやってきました。5年前、依頼者と債務者との間で60回払いで債務弁済の約束をして公正証書を作成したものの、13回ほど支払いがあった後、支払いがなくなり、連絡をしても相手にされないとのことです。

「5年前に法律相談いただいた先生（執筆者とは別の弁護士です）のアドバイスを受けて、公正証書に強制執行認諾文言を付けました。ですが、強制執行しようにも債務者は私の知る限り不動産を所有しておらず、今どこで働いているのか、どこに金融機関の口座があるのかもわかりません。私はどうすればいいでしょうか……。希望としては、金融機関に預貯金があれば差し押さえたいです」

「では、債務者の財産を開示するための手続を行いましょうか」

「財産開示手続ですか！？　他の弁護士先生から、あまり意味がないとうかがいましたが……」

「実は今年（2020年）の春、改正された民事執行法が施行された結果、財産開示手続全般が強化されているのですよ。新設された第三者からの情報取得手続というものを用いれば、債務者の預貯金債権の情報を所得することができます」

債務者の財産がわからない場合、裁判所を通じて債務者の財産を調査する方法は、従来は財産開示手続に限られていました。しかし、財産開示手続は実効性に乏しく、財産開示手続の強化とともに新しい財産調査の方法が求められていました。その方法が、第三者からの情報取得手続です。

第三者からの情報開示手続では、①預金・貯金口座、上場株式などの情報、②不動産の所在地の情報、③給料の支給者の情報を調査することができます。もっとも、②と③の情報を所得するには事前に財産開示手続を行うことが必要です。また、不動産の所在地に関する手続は、当時（2020 年 6 月時点）未施行だったため利用できませんでした。今回のケースでは、依頼者が金融機関の口座の情報を求めていますので、財産開示手続を経ることなく、第三者からの情報取得手続を申し立てることができます。

金融機関から情報を取得するにあたり、一度の申立てで 2 つ以上の金融機関を第三者として申し立てることができます。支店を特定する必要もありません。もっとも、第三者 1 名の場合に 5,000 円及び直送用封筒 1 通、第三者が 1 名増えるごとに 4,000 円及び直送用封筒 1 通が必要なので、際限なく申し立てると実費がかさんでしまいます。

そこで、このケースでは依頼者と相談のうえ、10 件の金融機関を第三者として申し立てしました。

緊急事態宣言明けの 2020 年 6 月に申し立てたケースでしたので、どこまで一般化できるかわかりませんが、申立てから約 2 か月ほどで金融機関からの口座情報提供書が揃いました。

その結果、無事 4 つの金融機関の口座に預貯金があることが判明し、その後の執行手続をスムーズに実行することができました。

債務者の住所が住民票に出てこないケース

また別の依頼者から財産調査の相談がありました。こちらの依頼者は、公正証書ではなく、判決による債務名義を得ていた方でした。この相談も 2020 年春以後の相談でしたので、第三者からの情報取得手続を検討しました。ところが……

「この債務者、判決時から住所が変わっているとのことですが……住民票を遡っても、判決時の住所の記載がみられないですね」

「え、先生。それって何か困るのですか」

債務名義に記載された当事者の住所に変更がある場合、当事者目録に、債務名義に書かれた住所とともに変更後の住所も記載します。そして、「前の住所と後の住所などのつながりを証明する住民票、戸籍謄本、商業登記事項証明書等の公文書を添付する必要があります」（最高裁ホームページより抜粋）。

ところが、このケースではなぜか過去に住民票にない所に訴状が送達され、当事者目録を修正しないまま判決が確定したので、前の住所と後の住所などのつながりを証明する住民票が存在しません。

このケースでは、やむなく第三者からの情報取得手続を申し立てた後、書記官と相談したうえ、訴訟を担当した弁護士に「なぜ訴訟時に住民票に記載のない場所に訴状が送達され、判決が確定するに至ったのか」について報告書を作成いただき、裁判所に提出しました。

しかし、債務者が同一でない可能性が1％でもある以上、発令は認めらないという結果になりました。結局、判決に記載された債務名義上の住所で申立てをせざるを得ない事態となりました。

債務者の住所が変更されている場合、執行のためには前後の住所とのつながりを証明することが必要不可欠です。今後、自身が代理人として債務名義をとりにいく場合、後日のつながりの証明ができるかを失念してはならないと感じさせられた一件でした。

ワンポイントアドバイス

財産開示手続の実効性

令和元年改正により財産開示手続の制裁強化が、どれほど実効性に影響を与えるか現時点ではわかりませんが、不出頭等に対して実際に刑事罰が科されるような運用が定着すれば、実効性は相当高まるものと思われます。

第三者からの債務者財産に関する情報取得手続

特に給与債権に関する情報取得手続が、一部の債務名義に限られるとはいえ、認められるようになったことは画期的な変更です。もっとも、これは財産開示手続を前置する必要がありますので、今後は給与債権に関する情報取得手続を目的として財産開示手続の申立て件数が増加することも考えられます。

他方で、不動産に関する情報取得手続は、自宅以外の不動産を所有する債務者に対してしか実効性がない手続ですが、この種の債務者に対して大きな効力を持つようになります。

また、預貯金情報と株式情報の申立てに関しては、第三者による情報提供から１か月を経過すると、順次債務者に情報提供通知が送付されますので、注意が必要です。

令和元年改正により、より実効的な財産開示手続や第三者からの債務者財産にかかる情報取得手続などの制度改正等が行われました。弁護士自身も、これらの新制度等を有効に活用して依頼者の権利実現に向けてより一層力を尽くすことが期待されているといえますので、引き続き研鑽に励みたいところです。

□ 第三者からの情報取得手続も万能ではない

令和元年改正民事執行法により、勤務先情報、預貯金情報及び株式情報について、債務者以外の第三者から情報提供をしてもらえるようになりました（以下「情報取得手続」といいます）。法改正以前に執行不奏功に終わっていた案件や、差押財産不明の案件に対して積極的に利用してみるとよいと思います。もっとも、情報取得手続を行う場合には、以下の２点に注意が必要です。

まず、当事者目録には債務者の特定に資する事項を記載する必要がありますが、債務者の住所については、法人なら登記、個人なら戸籍に記載されている住所以外を記載すると裁判所は情報提供命令を発令してくれません。したがって、訴訟資料や弁護士の調査によって、登記や戸籍の記載と異なる住所（例えば代表者個人の住所など）にて金融機関に登録しているであろうことが判明しても、当該住所の記載では情報取得手続を利用できないことになります。

また、金融機関側も、当事者目録に記載された内容に基づいて情報提供を行うことになりますので、当事者目録記載の住所や振り仮名等と金融機関登録の住所や振り仮名等とに相違がある場合には「該当なし」という回答がされるおそれがあります。

例えば、提訴前の23条照会の際、全部事項証明や閉鎖事項証明に記載されていない住所で照会をかけて債務者法人がＡ銀行のＸ支店に口座を有しているとの回答を得られていたとします。しかし、情報取得手続の申立て時に全部事項証明や閉鎖事項証明に記載されていない住所を目録に記載すると裁判所から削除を求められ、仕方なく全部事項証明や閉鎖事項証明に記載されている住所のみで申し立てると、発令後にはＡ銀行から「該当なし」

の情報提供書面を受け取るという可能性があるのです。この場合、情報提供書面受領後にA銀行に対し、X支店には絶対に債務者法人の口座があることや住所等の補足をすることにより情報提供を受けられることもあるようですが、成否は金融機関の判断に委ねられます。

このように、たまたまA銀行X支店に口座があることをわかっている場合ではなく、債務者がどこに口座を有しているか全くわからないために情報取得手続を申し立てるような本来的利用（？）の場合、金融機関から「該当なし」の情報提供書面がきても、確実に当該金融機関に預貯金がないというわけではない可能性があることは頭に入れておいた方がよいでしょう。

Method
20 執行：不動産競売等

手続の概要と実務運用を習得せよ！

――担保不動産競売や強制競売事件においては、手続の概要を把握しておくとともに、条文や基本書などには必ずしも記載されていない、細かな実務運用も知っておく必要がある。特に、実務運用については、依頼者の最大の関心事であることも多いため、十分な知識を備えておきたい。

競売対象不動産はどうやって見つける？―民事執行法改正

債務者の所有不動産の有無を調査するにあたっては、まずは債務者の住所や居所の土地建物の登記名義を確認するというのが一般的な手法だと思います。他方、従来は、住所や居所以外の不動産を見つけることは困難なケースが多かったと思います。

令和元年、民事執行法の改正により、登記所に対する債務者の不動産情報取得手続が創設されました（民事執行法205条。附則5条により、改正民事執行法が公布された令和元年5月17日から2年以内に施行される予定です）。本制度の利用には、財産開示手続を先行させる必要があるものの（民事執行法205条2項）、本制度の利用により、住所や居所以外の不動産を発見できるケースが増えるとともに、不動産競売事件を申し立てる機会が増えることが予想されます。

不動産競売の実務運用の重要性

不動産競売を含む執行手続については、執行法の理解に加え、条文には書かれていない、実務がどのように運用されているかという点を知ることが重要です。特に、不動産競売を申し立てる場合のコストやタイムスケジュールに加え、そもそも不動産競売の申立てに適した物件であるか否かの判断（売却基準価格及び買受可能価格の見込み、無剰余取消しとなるリスクの判断、買い手がつく見込みの判断等）については、依頼者の関心事項でありながら、基本書などには必ずしも載っていない点です。知識・経験が不足している場合であっても、必要最小限の情報は東京地裁のホームページにも載っていますし、必要に応じて裁判所に相談してみることも有用ではないかと思います。また、知人に不動産業者がいれば、不動産競売の申立てに適した物件かどうかについてもアドバイスがもらえる可能性があります。

体験談 1

住宅ローン債務の抵当権付不動産に対する競売申立は慎重に（失敗事例におけるコスト例）

弁護士４年目　女性

執行対象財産は住宅ローン債務の抵当権付不動産

私が原告代理人を務めた貸金返還請求訴訟において、約2,500万円の支払いを認める勝訴判決が出たものの、被告が任意に弁済しない、という事案がありました。やむを得ず強制執行手続に移行することになりますが、被告は、一人会社の代表でもあり、会社名義の預金を切り崩しながら生活していたため、被告個人名義の預金を差し押さえることは難しい事案でした。明確に被告名義の財産となっているもので、執行対象となり得るのは、被告の自宅マンションのみでしたが、そのマンションには、住宅ローン債務を被担保債権とする抵当権が付いていました。

不動産競売申立の是非の考慮事由は？

被告名義の不動産はあるものの抵当権が付いている、というケースは少なくないと思います。この場合、やはり不動産競売申立の是非については大変悩ましいところです。被担保債権額及び手続費用の合計額が、買受可能価格を超えなければ（無剰余案件）、競売開始決定の取消しを受ける又は自ら取下げを行うしかないためです（ただし、優先債権者の同意を得た場合等を除く。民事執行法63条）。本件の場合は、以下の悩みがあり、検討を行いました。

①被担保債権である住宅ローン額を銀行からは教えてもらえない。そのため、登記簿に載っている借入れ年月日と利率をベースに、35年ローン、30年ローン等といくつかのパターンに分けて残ローン額をシミュレーションしました。

また、知人の不動産業者に簡易査定を出してもらい、買受可能価格の一応の目安を立てました。簡易査定額の8割程度を売却基準価格と見立て、さらにその8割を買受可能価格とシミュレーションしました。

②仮に無剰余の裁判所判断が出た場合、予納金の一部は戻ってこない。

上記①の結果、仮に被告が住宅ローンを毎月返済していたとしても、買受可能価格と被担保債権額及び手続費用の合計額にそこまで開きは生じないのではないか、仮に不動産競売を申し立てても、満足に回収できる見込みは低いのではないか、という一応の見通しを立てました。

そのうえで、依頼者には、②のリスクも伝えたところ、最終的には、不動産競売申立を受けて、被告が任意売却に動く可能性もあるという依頼者判断の下、申立て自体は行うことになりました。

いざ不動産競売申立&無剰余通知

予納金が高額であるという点も、不動産競売申立事件に躊躇する点です。本件も、請求債権額が2,500万円になるため、100万円の予納金を裁判所に納めました。しかし、裁判所からの通知を見ると、買受可能価格が約3,000万円、住宅ローンの被担保債権及び手続費用の合計額が約3,150万円と算出され、結局、無剰余案件であるとして本競売申立は取り下げることにしました。

一件記録を閲覧してみると、裁判所が選定した評価人（不動産鑑定士）の評価書においては、評価人が算出する不動産そのものの価値に、競売市場物件であるとして0.8の修正係数を乗じた価格が正式な評価額として算定されていました。裁判所は同価格をそのまま売却基準価格として採用していました（さらにその8割が買受可能価格として設定されたことになります)。

予納金は満額戻ってこない

本件は、取下げ案件となりましたが、ご存じのとおり、最初に納めた予納金が満額戻ってくることはないので、留意が必要です。本件は、一件記録上、評価人の評価料として約25万円が発生しており、その他手続費用等に予納金が充てられ、最終的に戻ってきた予納金額は、100万円のうち、約60万円強でした(別件で60万円の予納金を納めたものの無剰余により取下げとなった不動産競売案件でも、戻ってきた予納金額は20万円強だったケースを経験したことがあります)。本件では、依頼者に対し、納めた予納金の返金額について厳しめの説明をしていたので、依頼者から大きな不満は出てこなかったと思いたいところです。

いずれにせよ、依頼者からすれば無剰余で取消し又は取下げとなれば、手続費用分だけ財産を失うわけですから、抵当権付の不動産に対する競売を申し立てるにあたっては、依頼者に対し、無剰余になる可能性の説明と、無剰余であった場合には予納金額のうち手続費用相当額は戻ってこない、という説明をしっかりと説明のうえ、依頼者の意思決定を求めることが必要となると思います。

体験談 2

先生、59 条競売って知っていますか？

弁護士 5 年目　男性

管理費等の滞納

以前からお付き合いのある会社の社長から、マンションの管理組合法人の理事長をしているが、管理費等を支払わない法人の区分所有者がいて困っているとの相談がありました。

すでに管理費額の総額は区分所有権の評価額を大きく上回っており、抵当権も設定されているような状態でした。

いつもお世話になっている方からの相談ということもあり、着手金をかなり抑え、回収ができた場合の報酬割合を大きくした債権回収事件として、受任することにしました。

依頼者からの提案

まずは、地方裁判所に管理費の支払いを求める訴えを提起し、判決を取得しました。

その後、調査をしてみたものの、法人は、すでに営業を止めてしまっており、当該区分所有権以外の財産の差押えも難しい事案でした。

どうしようか思案していると、依頼者から、「管理会社から 59 条競売というものをすすめられているので、これを使ってみようと思っている。この 59 条競売の訴訟手続をお願いしたい」といわれました。

59 条競売とは、建物の区分所有等に関する法律（以下「区分所有法」といいます）59 条に定められた競売の方法で、無剰余取消しがなされないのが特徴であり、今回のようなケースでも、競売をすることができる可能性のある手続です。
　通常であれば、区分所有法８条に基づき対象不動産を買い受けた新たな区分所有権者に対し未納管理費等を請求し、債権を回収することが考えられます。

特殊な事情

　もっとも、今回の区分所有権は、管理費の設定が高額で、管理費滞納額を免除等したとしても入札者が出る可能性が極めて低い物件でした。
　依頼者とは、管理費額を一部免除したうえ、管理費額を下げて59条競売を行うことも検討しましたが、最終的には、管理組合法人で取得し、管理人室として利用する方針としました。
　結論的には債権回収ができなくなりますが、ずっとこのままにしておくわけにもいかないことから、上記の方針について内部的な了解を得ることができました。

手続の漏れ

　59条競売の際には、手続的要件として、区分所有権者及び議決権のそれぞれ４分の３以上の集会決議や、当該区分所有者の弁明する機会を与えなくてはなりません。
　集会決議の手続は、管理会社主導で行うことになったので、お任せしていたところ、弁明の機会を与えずに集会決議のみ行ってしまっていたことが判明し、あらためて手続をし直すことになってしまいました。
　59条競売は要件が厳格な手続でしたので、最初から手続についても細かくアドバイスをしておくべきであったと反省しています。

最後にもうひと困り

その後もちょっとしたトラブルはありましたが、無事に59条競売を行い、管理組合法人が対象区分所有権を取得することができました。

事件も終わったので、管理組合法人に報酬を請求しようと思ったところ、委任契約では回収額の一定割合を報酬としていたので、今回のような場合に回収額をいくらとすればよいのか途方に暮れました。

結局、回収額を観念することが難しかったので、管理組合法人と協議し、なんとかタイムチャージでの報酬算出をご了解いただきました。

今回のケースに限らず、59条競売では必ずしも債権回収が奏功するわけではないことを実感したため、今後は59条競売を受任する場合は、報酬の設定方法も慎重に検討しようと心に決めました。

ワンポイントアドバイス

任意売却の可能性？

実務では、不動産競売申立を受けた後に、債務者が対象不動産の任意売却の意欲をみせる場合があります。これは、競売で落札される場合よりも、任意売却の方が高額の代金を得られることが多いためです。そのため、債権者から、債務者に対し、不動産競売の申立てと同時並行で任意売却の打診がなされるケースもあります。

債権者としては、任意売却が成立したり、当事者間で和解が成立したりと、不動産競売の必要がなくなった後に申立ての取下げを行うことになります。ただし、債権者の意向で申立てを取り下げることができる時期は、「買受けの申出があるまで」に制限されているので（民事執行法76条1項。取下書の提出は開札期日の前日までになされることが望ましいといわれています）、申立て後は、当事者間で話を進めるタイムリミットがあることに留意が必要です。

本メソッドの体験談は一例でしかありませんが、不動産執行案件を受任する場合は、実務で起こり得るさまざまな展開を予測し、できる限り依頼者に説明できるようにしましょう。弁護士費用についても、事案に応じて柔軟な設定にしておけば、依頼者も弁護士も、安心して案件を進められると思います。

Method
21 執行取下げ、停止の場面

▸ 四の五の言わずに止めろ！

――仮執行宣言判決が出れば、判決確定を待たずに強制執行が可能になる。そのため、債権者側は強制執行に踏み切るか、債務者側はどう備えるか、時間制約の下、リスクを踏まえて判断することが求められる。また、強制執行・担保権実行がなされても、相殺等で請求債権が否定される可能性や、抵当権の無効・被担保債権の不存在を理由に争う道もある。諦めてはいけない。

判決確定前の執行

強制執行を可能にする債務名義には、確定判決のほか、仮執行宣言付判決もあります（民事執行法22条1号、2号など）。

つまり、仮執行宣言がある第一審判決後には、相手方所有の不動産や相手方の取引先に対して有する売掛金や相手方名義の預貯金等に対して、強制執行に踏み切ることができるようになります。

これを請求される側からみると、居住・事業に使用している不動産の売却、取引先関係の債権からの支払いを全額受け取ることができない、預貯金を事実上凍結される可能性があること等を意味します。

このため、請求を受ける判決が出た場合、弁護士としては、差押え可能な財産があるかどうか、差し押さえられた場合の影響を依頼者から聞き取り、控訴に伴う強制執行停止申立を行うかどうかを判断することになります。

次に請求する側からすると、判決確定前に強制執行を行うこともできます。この段階での強制執行をすることで相手方に対しさらなるプレッシャーをかけ、控訴審で有利に働く場合があるかもしれません。

他方で、控訴審で第一審判決が覆るもしくは一部棄却される可能性もないわけではありません。控訴審で「本案判決を変更する場合には、裁判所は、被告の申立てにより、その判決において、仮執行の宣言に基づき被告が給付したものの返還及び仮執行により又はこれを免れるために被告が受けた損害の賠償を原告に命じなければならない」（民事訴訟法260条2項）とされ、受領した金員に遅延損害金を付して返還することもあり得ますので、仮執行宣言に基づき強制執行を行う場合にはこの点も留意することになります。

判決確定後の執行（執行後も含む）

強制執行を止めるための手段の1つとして、手続そのものを止めるとともに強制執行の元になる債務名義について債務名義の口頭弁論終結後の事情を持って争う場合があります。

この場合の手続としては、請求異議の訴えとその提起に伴う執行停止申立になります。

また、担保権実行等による強制競売にあうこともあります。この場合にも、例えば、抵当権に基づく競売停止及び抵当権処分禁止仮処分を申し立て、抵当権の無効や被担保債権の不存在を主張立証し争うことになります。

この際にも担保の提供が求められますので、このことも依頼者に対し説明することになります。

競売後には配当がありますが、例えば不当な担保権者等に配当されることにもなりかねません。このような担保権者等と戦うためには、一例を挙げると、不動産競売の配当異議→配当異議訴訟→訴訟で出た結論を配当異議に戻して最終的な配当額が確定配当異議の手続をとり、最終決着をつけることになります。

体験談 1

仮執行は計画的に

弁護士７年目　男性

事案の概要

自分の土地に、知らぬ間に建物が建っているから、建物を収去してほしいという依頼を受けました。

建物の地番と土地の地番を調べると、本件建物は、依頼者の隣の土地の地番と一致しているので、隣地上に本件建物が建っていると思われます。現に隣地の所有者と一時期賃貸借契約を締結していたようでした。ただし、隣地の所有者との賃貸借契約についても、相手方が賃料を支払わなくなっていたようです。

再度、測量してみても、依頼者の土地上に建物が存在していることは明白であったことから、建物の収去と、収去までの賃料相当額の賠償請求をすることにしました。

第一審

相手方は、不法占拠の事実を争いました。具体的には、縄のびし、境界が移動してしまっただけであり、本来は、こちらの土地上に建物は存在していないとの主張でした。その他、隣地の土地であると誤信したとか、時効や賃料相当額の算定根拠については、具体的な反論をすることがありませんでした。

そのため、客観的に依頼者の土地に建物が存在していることは明らかであり、その他の主張については、ほぼ反論もしていないことから、こちらの主張どおりの内容で判決が出され、賃料相当損害金については、仮執行宣言も付きました。

相手方から、代理人を通じて、本件について控訴した旨の連絡も受けました。相手方は法人であり、仮執行により、相手方の財産について強制執行することになれば、相手方に与える影響は大きいということは私も認識していました。ただし、原審でも和解の協議すら全くできず、漫然と訴訟が長引いたこと、控訴状を提出したとの連絡だけであり、何らの支払い等もなされないことを踏まえ、依頼者も仮執行をすることを望んでいたので、仮執行宣言に基づき、相手方の預金を債権執行することにしました。

仮執行

仮執行宣言に基づく執行については、債務名義がある状態ですので、保全と異なり、保全の必要性を求められたり、不動産等から先に行うことを要求されたりなどの制限もなくできました。

相手方のホームページには、取引金融機関も明示されていましたので、その銀行を執行対象としました。ただし、全ての銀行を対象としてしまうと、支払いができなくなり、影響が大きいと思い、依頼者と相談して、一部の銀行にとどめました。

執行に関する決定が銀行に送達されると、銀行からの問い合わせがありました。当日事務所を不在にしておりましたが、その間に何度も相手方代理人から連絡が来ており、最終的には、現時点までの利息も全て暫定払いするので、銀行への執行を取り下げてほしいというFAXまで届きました。

そのため、私は、利息も計算したうえで、振込口座を明示すると相手方からすぐに入金が確認できたため、債権執行を取り下げました。

その後、控訴審では、相手方の代理人は変更され、しかも、相手方は、本件とは別個に、民事訴訟法260条2項に基づく申立てをしました。お恥ずかしい話、最初、このような申立てがあること自体知りませんでした。

しかも、控訴審で負けてしまったら、回収したものを単に返還するだけでなく、受領した日からの金員に利息も付けて返還し、さらに、精神的な損害についても、賠償義務を負いかねない（兼子一ほか『条解民事訴訟法〈第2版〉』弘文堂（2011年）1432頁参照）ことを知り、焦りました。

特に、前述のとおり、原審においては、賃料相当額の計算について、相手方は全く反論してこなかったのですが、控訴審ではこの点を相手方の代理人は主張し、高等裁判所の裁判官もこの点に関しては、相手方の主張を一部認めるような心証でした。

そうなると、控訴審で判決まで進んでしまったら、勝っているにもかかわらず、こちらに一定の負担を強いられる判決となる可能性があることになります。

幸いにして、控訴審で和解することができたのでよかったのですが、判決になり、請求の一部が認められなかった場合、どうなっていたかを考えると、依頼者にもう少しリスク等を説明しておけばよかったと思いました。

保全を含めて未確定な権利の状態で、権利を行使することは、慎重にすべきということを学ぶことができた事案でした。

体験談 2

抵当権実行禁止及び競売手続停止仮処分命令

弁護士 6 年目　男性

事案の概要

当方依頼者は、使用していた自動車をリース会社から買い取る必要に迫られ、買取費用約 200 万円を全額直ちに用意することは難しかったため、一部にあたる約 150 万円を知人から借り入れることにしました（弁済期は 2 年後）。そして、担保として、自宅不動産に抵当権を設定するとともに、当該自動車に譲渡担保権を設定しました。

ところが、当該知人が用意した借用書には実際の貸付けの金額よりもはるかに高い 300 万円という金額が記載されており、不審に思った当方依頼者が当該知人に対しこの点に関する覚書を交わすよう求めたところ、当該知人が拒否したことなどから、当方依頼者と当該知人との関係が悪化し、貸付けから約 3 か月後に、当方依頼者が占有・使用していた自動車を当該知人が窃取し、名義も当該知人の親族に移してしまいました。この窃取行為及びそれに先立って行われたと目される文書偽造行為については、警察が捜査中でした。

上記借入れの弁済期が近づいてきたので、当方は、当該知人に対し、当該知人の窃取行為により当方が被った損害の額が借入れの額を上回ることを前提として、当方の損害賠償請求権をもって貸金債務を相殺する旨を通知しました。

すると、当該知人は、抵当権が設定されていた依頼者の自宅不動産につき、担保不動産競売開始の申立てをしました。

そこで、当方は、この手続を止めるため、抵当権実行禁止及び競売手続停止仮処分命令の申立てを行いました。

提出した疎明資料

本件においては、150万円の貸付けがなされた経緯や自動車が譲渡担保に供された経緯が、当方依頼者と当該知人との間のメッセージのやり取りで残っていましたし、貸付けの額が150万円にとどまることを当該知人が認めている会話の録音もありました。

自動車の窃取そのものについては、直接的な証拠として考えられるのは防犯カメラ映像ですが、警察からは、捜査中であることを理由に情報や資料の提供は受けられませんでした。しかし、自動車を窃取された直後に、当方依頼者が加入していた保険会社の調査員に事情を報告した結果が、当該調査員作成の報告書に詳細にまとめられていました。

裁判所も、当方の申立てを認め、担保金の額を実際の貸付け額の約75％として、抵当権実行禁止及び競売手続停止の仮処分決定を出してくれました。

法的構成

裁判所との面接で、裁判所は、自動車の窃取により直ちに自動車及びその中の物品の時価相当額の損害賠償請求権が発生したといえるのかという点に疑問があるとの考えを示しました。

そこで、当方は、窃取行為が譲渡担保契約上の重大な債務不履行にあたることを理由として譲渡担保契約を解除するとともに、それと不可分ないし密接に関連付けられている貸金契約も解除すること、また、当方の当該知人に対する目的物（自動車及びその中の物品）返還請求に代わる価額返還請求権と、当該知人の当方に対する不当利得返還請求権（貸金契約の解除により、貸し渡された金員について不当利得として返還を求めるもの）とを、対当額で相殺することを記載した通知書を、当該知人に送付するとともに、裁判所に対してこれらの主張を行いました。

本当に上記のようなやや迂遠とも思える法的構成をとらなければならないものなのか、疑問はありますが、本件の裁判所は当方の主張の正当性を理解したうえでより堅固な法的構成を求めていると感じられたので、裁判所の問題意識に従い、上記のような法的構成の変更（補充）を行った次第です。

裁判所の示唆を受け止めることが非常に有益だと実感できました。

体験談 3

手続選択は拙速？　巧遅？

弁護士６年目　男性

地面師との攻防の中で……

とある地面師事件でのひとこまです。アパホテル事件（被害額：約12億6,000万円）や積水ハウス事件（被害額：約63億円）で「地面師」という存在が世に知られるより少し前、ブームの走りのような事件でした。

地面師とは、一言でいえば、「不動産（≒地面）の乗っ取りを専門とする詐欺師」です。代表的な手口としては、例えば、①収益力が高いにもかかわらず管理が行き届いていない不動産物件をターゲットにし、②本人確認書類や実印を偽造するなどして所有者になりすまし、③なりすました偽所有者が当該不動産を売却して代金は仲間で山分けし、④対象不動産の買主はさらに転売を繰り返すなどして真の所有者による権利回復を困難にする、といったものです。

私が担当した事件の依頼者は、東京都心に多数の不動産を所有する資産家でしたが、長年の病気のため管理が行き届いていない状態でした。地面師たちは、どこから情報を入手したのか、そこにつけこみ、依頼者の替え玉を用意するなどして、ほとんど全ての不動産と資産管理会社が丸ごと乗っ取られてしまいました（Method 02 体験談 4、Method 10 体験談 1 と同じ事案）。

不正に設定された抵当権の実行

一口に「乗っ取り」といってもいくつかの手口があるのですが、ある不動産（一戸建ての土地建物）には、実体のない貸金債権を被担保債権とする抵当権が設定されていました。いわば不動産を人質にとり、身代金として貸金の弁済を要求するというものです。

当方が地面師側の要求に応じることなく、粛々と法的措置を進めていたところ、案の定、相手方より担保権実行としての競売が申し立てられてしまいました。

執行異議を申し立てるも……

強制執行（民事執行法 2 章）について、前提となる権利の存在又は内容について異議がある場合、債務者は請求異議を申し立てることになります。これに対し、担保権実行（同法 3 章）については、債務者は執行異議を申し立てることになります。

さっそく当方は、競売開始決定を出した東京地裁民事第 21 部（民事執行センター）に対し、執行異議を申し立てました。ところが、民事第 21 部からは、執行異議は形式的な権利の瑕疵について判断することを想定した手続であり、事案が複雑で実体審理を要する本件にはなじまないとして、取下げを勧奨されてしまいました。

仮処分なら何でもできる！？

地面師との熾烈な攻防には、いっときの猶予も許されません。思わず頭を抱えたくなりましたが、民事第21部の示唆も踏まえて再検討した結果、仮処分を使えばよいということがわかり、光明がみえました。

すぐに東京地裁民事第9部（保全部）に担保不動産競売手続停止の仮処分を申し立てました。また、今後同様の抵当権実行を行うことができないよう、あわせて抵当権実行禁止の仮処分も申し立て、ともに認容されました。

このときは、仮処分制度の守備範囲の広さというものをまざまざと実感したものです。しばらく相代理人との間では「道は9部にあり」が合言葉のようになりました。

反省点

当初、執行異議の申立てという「無駄足」を踏んだことで、1～2日程度のロスが生じたことは事実です。本件では結果的に問題は生じませんでしたが、最初から仮処分の申立てという「正解」を知っていれば、と思わないではありません。

もっとも、弁護士の仕事は、常にはじめから「正解」を手中に収めているとは限りません。そんなとき、平時であればじっくりリサーチをかけて「正解」を追求するのが王道ですが、地面師事件のような一刻を争う非常時には、とりあえずあたりをつけて何らかのアクションを起こし、関係者のリアクション（本件でいえば民事第21部からの示唆）を踏まえて「正解」を模索するというのも、1つのやり方ではないかと思います。

もう一点、本件に関しては、結果論からすれば、そもそも相手方から競売申立をされる前に、抵当権実行禁止の仮処分を得ておくべきでした。

こちらは地面師事件において本当に悩ましい問題で、一言でいえば軍資金との兼ね合いがありました。地面師事件ではさまざまな仮処分を駆使しなければ戦えません。ところが、往々にして地面師被害に遭うような不動産は高額で、仮処分の担保金もそれに連動しがちです。これに対し、被害者は資産全体の規模は大きいものの、預貯金を含めた手持ち現金は意外に乏しいということが少なくありません。限られた軍資金をどう使うか、戦略眼も厳しく問われた事件でした。

体験談 4

強制競売の配当への異議

弁護士８年目　男性

相談の始まり

分譲リゾートマンションの管理組合から、管理費を滞納している組合員（法人）への対応の相談がありました。

事情を詳しく聞くと、この組合員は、部屋の購入後間もない時期から滞納をはじめ、督促を受けても、「管理会社に食い物にされている管理組合を改革する」などと主張して、自分たちのグループ会社にマンションの管理を委ねるように求めるなどの行動があるとのことでした。実際に他のリゾートマンションでもトラブルを起こしているグループでした。

配当異議に至る経緯

当該部屋や組合員（法人）の登記を確認したところ、当該部屋には、当該組合員を債務者・根抵当権設定者、当該組合員の関係会社等を債権者・根抵当権者とする貸金等にかかる根抵当権が複数付されておりました。しかし、管理組合としては、諦めずに徹底的に戦うという方針でしたので、手続を進めることとしました。

まず、滞納管理費について、訴訟を提起して債務名義を取得しました。次に、この債務名義を請求債権として強制競売を申し立てて管理組合が競落しました。

しかしながら、予想されていたとおり、当該組合員の関係会社等が根抵当権に基づき配当要求をしたため、管理組合が拠出した競落代金が、このままではほとんど当該組合の関係会社等に支払われることになってしまいます。そのため、配当異議に至りました。

また、それに加え、配当要求段階でも、少しでも管理組合の受取額を増やすため、管理組合としては、債務名義取得後の滞納管理費についても、先取特権（建物の区分所有等に関する法律７条）に基づき、追加請求しました。

配当期日における異議の申出

当該組合員の関係会社等への配当を阻止するためには、「配当期日において、異議の申出をする」必要があります（民事執行法 166 条２項、89 条１項）。通常の訴訟であれば、万が一何かの事情で期日に出頭できなくても電話で調整して結審をしないよう求めたり、判決等になってしまったとしても上訴等の手段で争うことも考えられますが、異議の申出については、そのような救済手段がありません。特に本件の執行裁判所は遠方でしたので、交通トラブルがあったとしても、確実に配当期日に出頭できるように細心の注意を払いました。

また、配当異議の申出をする場合は、配当異議の申出をする旨を述べ、異議の相手方、異議の内容（範囲）について明示しなければなりません。この事件では、合計６か所の配当の内容を変更する必要がありました。優先順位が複雑でしたし、後述のようにすぐに裁判所に期日調書を作成してもらう必要がありましたので、配当異議の手続では書面提出が少なくとも法律上は予定されていませんが、事前に担当書記官と協議して、口頭で申出をする内容をメモとして提出しておきました。

あくまでもメモという話で調整していましたので、書記官がこのメモの内容を調書に形式を整えて記載してくれるのだろうと思っていましたが、期日後にできた調書を見ると、メモが別紙として添付されており、それならばもう少し見栄えよく書いたのにと思ってしまいました。

特に本件では、管理組合が、強制競売申立債権者としての地位、複数回行った、建物の区分所有等に関する法律7条に基づく配当要求権者としての地位、一般債権者としての地位という複数の地位で配当要求をしていましたので、それぞれの特定にも気を配りました。

そうして、無事、期日に出頭して、異議を申し出ました。

配当異議後のタイトなスケジュール

配当異議後の手続は、スケジュール面で非常にタイトです。配当期日からわずか1週間以内に以下の手続を全て行う必要があるからです（民事執行法166条2項、90条6項）。

・配当期日に執行裁判所で異議を述べる

・執行裁判所から配当期日調書を受領

・事務所で配当期日調書を甲号証として準備

・配当異議訴訟を提起

・提訴裁判所から訴訟提起証明申請書の発行を受ける

・執行裁判所に訴訟提起証明書を提出

このように目まぐるしい進行になりますので、事前に何か1つでもミスやトラブルがないように下準備する必要があります。訴訟提起証明書の提出まで一通り恙なく終わった時は安堵しました。

訴訟の進行及び配当手続の完了

このようにして始まった配当異議訴訟は、約１年７か月に及びましたが、尋問を経て、最終的に関係会社等が有していると称する債権の不存在、及び、仮に債権の存在が認められたとしても虚偽表示であることが認定され、当方の全面勝訴のうちに終わりました。

ただ、配当異議訴訟で勝訴したことで、全て終わるわけではありませんでした。執行裁判所に判決正本及び確定証明書等を提出して、確定した判決の内容に従って配当支払手続を行ってもらうことになり、最終的には法務局に供託金の還付請求をして還付を受けて全ての手続が完了しました。

ワンポイントアドバイス

仮執行宣言段階での強制執行はカウンターに注意

仮執行宣言での強制執行には、「仮」の段階、判決（債務名義）の内容が変更になる可能性があることから、思わぬ反撃を受ける可能性があるということです。この段階での強制執行をする場合には依頼者に対しこのリスクの説明が必要になります。

裁判所からのメッセージを受け止めよう

抵当権実行禁止及び競売手続停止の仮処分決定に関する２つの体験談からはともに裁判所からの示唆が有益だったとしています。

手続を止めるべき案件で手続に迷う場合には、アクションを起こして裁判所も巻き込んで解決手段を検討するのもありなのではないでしょうか。

配当期日：要出頭、
訴訟提起証明書提出まで：タイトスケジュール

配当期日に配当異議を申し出るためには、出席してその場で書面ではなく口頭で意見を述べることが必要です。絶対に遅刻はできません。鉄道の運転見合わせにも十分対応できるぐらいの時間の余裕と代替ルートの確認しましょう。

異議内容については口頭で行いますが、調書の作成の便宜のために書記官との事前にメモを作成することもあるようです。そのまま調書に添付される可能性もあるので体裁を整えることも念頭に置きましょう。

配当異議申出後、配当期日調書受領（書証化）→配当異議訴訟提起（訴訟提起証明書受領）→執行裁判所に訴訟提起証明書提出という手続を１週間以内に行う必要があります。下準備が大切ですね。

□ 異議訴訟の本案提起に伴う強制執行停止

体験談では、抵当権実行禁止及び競売手続停止仮処分命令が取り上げられていますので、ここでは不動産強制執行の停止を取り上げます。

不動産強制執行を止めるには、例えば、弁済等を行ったうえで請求異議訴訟を提起し、又は第三者異議訴訟を提起して、これらにあわせて強制執行停止申立をするということになります。

強制執行停止決定に際しては、担保金の提供が求められます。私が体験したのは確定判決の場合で請求認容額の半額でした（既に弁済等の事情は考慮されませんでした）。

法務局に担保金を供託したのち供託書を裁判所に提出しますが、強制執行停止の判断する裁判所と執行裁判所とは異なるので、別途強制執行停止決定の正本を執行担当部の不動産執行係に提出しないと強制執行は停止しません。このため供託書提出後、正本交付前の段階で、不動産執行係に対し強制執行停止決定を得て担保提供をしたこと、決定正本提出日の見込みを伝え、即座に手続が進まないように申入れなどをした方がスムーズかと思います。

□ 控訴に伴う強制執行停止

控訴に伴う強制執行停止の申立てを依頼されると、焦ることも少なくないようです。

メーリングリストなどで「控訴に伴う強制執行の停止を依頼されました、教えてください」という内容をみることも一度や二度ではありません。

その理由は、文字どおり控訴提起時に一緒に申し立てるので、控訴提起と同様、判決正本受領日の翌日から14日以内という短い期限があること、担保金額の高額さ（私が体験した額は概ね65%から80%の間、案件によっては担保金額を聞いて担保金を用意できないとして取下げをすることもありました）、強制執行停止申立の理由がすぐに浮かばないことなどが考えられます。

ここでは、強制執行停止申立の理由について触れたいと思います。

内容としては「原判決若しくは支払督促の取消し若しくは変更の原因となるべき事情がないとはいえないこと又は執行により著しい損害を生ずるおそれがあること」（民事訴訟法403条1項3号）を疎明することになります。一例を挙げると、私は、変更の原因となるべき事情については、第一審判決をみたときの違和感を、控訴理由の要約の体裁で事実誤認や審理不尽を事情としてまとめ、執行により著しい損害を生ずるおそれについては、執行し金員を確保したら相手方の属性を述べて回収困難を指摘し（例えば事業に使うのでなくなってしまう等）、その不動産を処分されることによる損害などを挙げることがあります。

編集後記

本書「こんなところでつまずかない！　保全・執行事件21のメソッド」の企画は、2020年５月の新型コロナウィルスによる緊急事態宣言発令下にスタートいたしました。そして、対面での打ち合わせもままならない状況のもと、執筆者の先生方には極めて短期間で執筆をお願いし、この度完成に至ったものです。その意味で、本書が完成に至ったことは、執筆・編集者の１人として感慨深いものがあります。

我々弁護士は各人が日々業務に追われているものの、１人ひとりの弁護士が自ら経験できる保全・執行事件の数は限られています。殊に、仮の地位を定める仮処分については、被保全権利は広範囲にわたっており、全ての類型について経験がある弁護士は皆無と言ってよいのではないでしょうか。その意味で、本書において各執筆者が経験した事案を読者として追体験できることは意味があると感じております。

もっとも、そうは言っても本書はいわゆる専門書・書式集ではなく、各執筆者が事件を処理するにあたり気を付けたこと、冷や汗をかいたこと、はたまた関係者の協力を得てうまく結果を出せたこと等をかなり正直に記載してもらったものです。読者の皆様には、未知の事件を手がける際のちょっとした知識とともに、事件を対応するにあたり各執筆者が考え、悩んでいる気持ちの動きを感じていただければ幸いです。

なお、保全・執行の分野においては、発信者情報開示制度や改正された財産開示制度、新設された第三者からの情報取得手続等、新たな手続が多く含まれています。これらの分野については、事例の蓄積も未だ少なく、また施行後、日も浅いため、本書に掲載できた事例も全てを網羅しているとはいえません。

しかし、読者の方々にも、臆することなく新たな手続にチャレンジしていっていただきたいと思います。その際に、各弁護士の奮闘ぶりを記した本書が背中を押す１つの力にしてもらえれば、執筆・編集者の１人として望外の喜びです。

最後に、各執筆の先生方、並びに親和全期会代表幹事弁護士大塚康貴先生、執筆のほか私と同じく編集を担当いただいた金川先生、中田先生、鳥羽先生、そして第一法規株式会社小林千紘氏、河田愛氏、宗正人氏、そのほかの関係者の方々、皆様のご尽力で本書を刊行できたことを大変嬉しく思います。この場を借りて厚く御礼申し上げます。

令和３年２月

編集代表

弁護士　春日井　太郎

執筆者一覧（五十音順）

編集代表・執筆

春日井太郎	弁護士（58期・東京弁護士会）/スプリングサン法律事務所

編集・執筆

大塚　康貴	弁護士（58期・東京弁護士会）/水津正臣法律事務所
金川　征司	弁護士（60期・東京弁護士会）/表参道総合法律事務所
鳥羽　浩司	弁護士（60期・東京弁護士会）/紺野秋田法律事務所
中田　圭一	弁護士（61期・東京弁護士会）/アクシアム法律事務所

執筆

板倉　武志	弁護士（67期・東京弁護士会）/板倉総合法律事務所
内野令四郎	弁護士（62期・東京弁護士会）/東京第一法律事務所
遠藤　温子	弁護士（65期・東京弁護士会）/あみた綜合法律事務所
森田　雅博	弁護士（67期・東京弁護士会）/東京駅前総合法律事務所
吉川　樹士	弁護士（64期・東京弁護士会）/東京アライズ法律事務所
清藤　仁啓	弁護士（67期・東京弁護士会）/檜垣総合法律事務所
小暮　典子	弁護士（62期・東京弁護士会）/並木通り法律事務所
小林　俊介	弁護士（67期・東京弁護士会）/堂野法律事務所
塩津　博伸	弁護士（67期・東京弁護士会）/塩津法律事務所
角　　有利	弁護士（67期・東京弁護士会）/渋谷国際法律事務所
関口　慶太	弁護士（63期・東京弁護士会）/今井関口法律事務所
棚橋　桂介	弁護士（66期・東京弁護士会）/弁護士法人フロンティア法律事務所
戸田　順也	弁護士（64期・徳島弁護士会（元東京弁護士会））/戸田コンサルティング法律事務所
西野　優花	弁護士（69期・東京弁護士会）/早稲田リーガルコモンズ法律事務所
西村　　健	弁護士（62期・東京弁護士会）/堀法律事務所
平井　経博	弁護士（62期・東京弁護士会）/平井・川野総合法律事務所
水野　泰孝	弁護士（61期・東京弁護士会）/水野泰孝法律事務所
三井　　拓	弁護士（65期・東京弁護士会）/三井拓法律事務所
森田　悟志	弁護士（69期・東京弁護士会）/エム・ツー・オー総合法律事務所
山岸　泰洋	弁護士（61期・東京弁護士会）/弁護士法人エクイタス（リソルテ総合法律事務所）

サービス・インフォメーション

通話無料

①商品に関するご照会·お申込みのご依頼
TEL 0120 (203) 694／FAX 0120 (302) 640
②ご住所·ご名義等各種変更のご連絡
TEL 0120 (203) 696／FAX 0120 (202) 974
③請求·お支払いに関するご照会·ご要望
TEL 0120 (203) 695／FAX 0120 (202) 973

●フリーダイヤル（TEL）の受付時間は、土·日·祝日を除く
9:00～17:30です。
●FAXは24時間受け付けておりますので、あわせてご利用ください。

こんなところでつまずかない！
保全・執行事件21のメソッド

2021年 2 月25日　初版発行
2024年 4 月 5 日　初版第 2 刷発行

編　著　東京弁護士会 親和全期会

発行者　田　中　英　弥

発行所　第一法規株式会社
〒107-8560　東京都港区南青山2-11-17
ホームページ　https://www.daiichihoki.co.jp/

デザイン　中村圭介・鳥居百恵・平田賞
（ナカムラグラフ）

保全執行21　ISBN 978-4-474-07446-0　C3032（8）